AUSGEWÄHLTE TEXTE

Herausgegeben von
Hans Christian Meiser

DALAI LAMA

GOLDMANN VERLAG

Aus dem Englischen übertragen von Michael von Brück
Titel der Originalausgabe: Universal Responsibility and the Good Heart

Made in Germany · 9/87 · 1. Auflage

Umschlaggestaltung: Design Team München
Satz: Filmsatz Schröter GmbH, München
Druck: Presse-Druck, Augsburg
Verlagsnummer: 11028
Lektorat: Hans Christian Meiser/ST
Herstellung: Gisela Ernst
ISBN 3-442-11028-9

Inhalt

Einleitung

Buddhismus und westliche Kultur

Buddhismus

Der Buddhismus ist indischen Ursprungs, und die Kenntnis der indischen Religionsgeschichte vertieft die Einsicht in das Wesen der Religion, die Gautama Siddhārtha Śākyamuni (um 560 v. Chr. geboren) in Nordindien gestiftet hat. Zwei Merkmale bestimmten die neue Religion, die sich von Anfang an gegen das brahmanische Kasten- und Ritualsystem gewandt hatte: ein tiefer Humanismus und der Wille zu einem mittleren Weg in allen Lebensfragen und in der Philosophie.
Humanistisch ist der Buddhismus deshalb, weil er an die Eigenverantwortlichkeit des Menschen für sein Heil appelliert. Die Frage nach Gott oder metaphysische Spekulationen sind demgegenüber sekundär. Der Buddha erfuhr, wie viele Menschen auch, die menschlichen Lebensumstände als leidvoll, denn der Mensch möchte sich im Strom des Vergänglichen an einem Unvergänglichen, an einer gegenständlichen Außenwelt, die dem Ich Existenzgewißheit und Wertgefühl vermittelt, festhalten können, was mißlingt, da alles im Fluß und im Werden ist. Weil der Mensch also sein vordringliches Ziel, nämlich die Stabilisierung des

eigenen Ich durch äußere Mittel, nicht erreichen kann, wird er beständig enttäuscht und, weil er die Ursachen des Problems nicht durchschaut, frustriert. Diese Frustration am Dasein zu überwinden ist der Ausgangspunkt und das wesentliche Ziel der spirituellen Praxis im Buddhismus. Er will dem Menschen durch Einsicht und rechte Lebensweise zu echtem Glück verhelfen, das nicht erst in einem Jenseits, sondern hier im individuellen wie sozialen Leben erlangt werden soll.

Der Mittlere Weg bedeutet das Vermeiden von Extremen im Bereich religiöser Praxis wie der Philosophie, und das heißt vor allem: Der Buddha befürwortete weder materialistischen und oberflächlichen Lebensgenuß noch radikale asketische Abtötung des Leibes und der seelischen Kräfte, sondern lehrte, die wahre Natur der Erscheinungen durch Meditation und logische Analyse zu erkennen. Dem entspricht eine maßvolle Lebensweise, die wiederum lautere Motivation bei allem Handeln und somit geistige Klarheit ermöglicht. In der Philosophie lehnte er den Glauben an Gott weder ab, noch bejahte er ihn, sondern er ließ die Frage offen: wer den *dharma* praktiziere, werde selbst zur Erkenntnis kommen. Vorschnelle und nur begrifflich vorgestellte Lösungen, ob sie nun Gott bejahen oder ablehnen, die Existenz eines Selbst der menschlichen Person behaupten oder negieren, würden hingegen nur von wirklicher Übung der Meditation ablenken.

Daß das Leben leidvoll ist, weil der Mensch auf eine irrtümlich als substantiell vorgestellte Außenwelt mit Abneigung (Aggression) oder Besitzstreben (Gier) reagiert, ist die erste Grundeinsicht des Buddhismus. Weil der Irrtum letztlich darauf beruht, daß das eigene Ich als substantiell unveränderliches Wesen betrachtet wird, kann dieser Zustand durch gezieltes Geistestraining, das vor allem in logischer Analyse der wahren Natur der Erscheinungen und Meditation besteht, überwunden werden. Das ist die zweite Einsicht. Die Vier Edlen Wahrheiten und alle anderen Lehren sind daraus abgeleitet. Die Toleranz gegenüber anderen Weltanschauungen und Religionen ergibt sich aus der Vorläufigkeit der Erkenntnis und der begrifflichen Rede. Das Mitgefühl mit allen Wesen bis hin zur aktiven Solidarität auch im politischen Bereich ist die Konsequenz aus der Einsicht, daß alle Erscheinungen in der Welt miteinander zusammenhängen. Ein geübtes, das heißt durch Meditation intensiviertes, Bewußtsein kann diese gegenseitige Abhängigkeit und Einheit aller Wesen und Erscheinungen direkt erkennen.

Natürlich ist auch der Buddhismus in zahlreiche Schulen gespalten, und der unterschiedliche kulturelle Hintergrund der Länder, in die der Buddhismus kam, hat dafür gesorgt, daß sich eine breite Vielfalt buddhistischer Lebens- und Glaubensweisen entfalten konnte. Das trifft ganz besonders für den Buddhismus in Tibet zu, der eine bewegte Geschichte von Assimilation und Dissimilation vorbuddhistisch-einheimischer wie indischer und chinesischer Elemente durchlaufen hat.

Buddhismus im Westen

Im letzten Viertel des vorigen Jahrhunderts hat der Buddhismus zuerst in Amerika und England, dann auch auf dem europäischen Kontinent Fuß gefaßt und

immer mehr Anhänger gewonnen. Sein Einfluß reicht aber weit über die eigentlichen buddhistischen Gemeinschaften hinaus – er hat das kulturelle Leben, Dichtkunst und Philosophie, neuerdings auch die christliche Theologie, vor allem in den Vereinigten Staaten von Amerika, beeinflußt.
Bereits die jesuitischen Ostasienmissionare im 16. und 17. Jahrhundert, ganz besonders Matteo Ricci in China und Franz Xaver in Japan, hatten den Buddhismus studiert und erste Kunde nach Europa gebracht. Zu systematischem Studium der Texte und Quellen kam es aber erst durch die Engländer im 18. Jahrhundert. Der erwachende ungarische Nationalismus bewog Alexander Csoma de Körös im Jahre 1818, nach Tibet aufzubrechen, um die Ursprünge des ungarischen Volkes zu finden. Im Jahre 1823 kam er in Tibet an und lernte, vor allem in den Klöstern Westtibets, Ladakhs und Zanskars, die Besonderheiten des tibetischen Buddhismus sowie die genauen Übersetzungen des Pali-Kanons ins Tibetische erstaunlich genau kennen. Burnoufs Geschichte des indischen Buddhismus (Paris 1844) stützte sich weitgehend auch auf die durch Csoma de Körös gewonnenen Erkenntnisse. Seither hat sich die Kenntnis der Geschichte des Buddhismus und seiner literarischen Quellen wesentlich vertieft. Besonders durch das Auftreten Anagarika Dharmapalas vor dem Weltparlament der Religionen in Chicago 1893 wurde eine buddhistische Bewegung in den USA ausgelöst, die nach dem Zweiten Weltkrieg durch die Verbreitung des Zen-Buddhismus in Amerika und Europa erheblich an Bedeutung gewann. Der japanische Zen-Philosoph Daisetsu Teitaro Suzuki verstand es,

Zen so zu interpretieren, daß Menschen, die durch abendländisches Gedankengut geprägt waren, die subtile Weisheit buddhistischer Meditationspraxis und ihrer philosophischen Deutung nachvollziehen konnten, indem er auch Parallelen zur christlichen Tradition, besonders der Mystik, aufzeigte und Verbindungen zu den Anliegen der Psychotherapie herstellte. Die Schriften des deutschen Philosophen Eugen Herrigel und die Arbeit von Karlfried Graf Dürckheim boten für ungezählte Menschen nicht nur in Deutschland ganz konkrete Lebenshilfe an. Der deutsche Jesuit Hugo M. Enomiya-Lassalle wie der amerikanische Trappist Thomas Merton entdeckten die geistige Welt des Zen, vor allem aber seine Meditationspraxis, für das Christentum und initiierten eine kreative Synthese von buddhistischem Zen und christlicher Spiritualität, deren Folgen für das Christentum und die gesamte abendländische Kultur weitreichend sein dürften.

Seit den sechziger Jahren übt der tibetische Buddhismus größere Faszination auf zahlreiche Europäer und Amerikaner aus. Seine Verbindung von logischer Analyse, prächtigem Ritual und strenger Meditation, die keine Abwertung des Materiellen bedeutet, entspricht dem Verlangen vieler abendländischer Menschen nach ganzheitlicher Lebensweise offenbar auf besondere Weise. Nicht zuletzt ist es aber die faszinierende Gestalt des XIV. Dalai Lama selbst, die große Ausstrahlung in eine Welt hat, die nach geistigen Vorbildern sucht, die engagiertes Leben in der Welt der Politik mit meditativer Geistesschulung verbinden. Und solche Vorbilder sind in der Tat selten. Die Texte dieses Buches sprechen diesbezüglich für sich selbst.

Dialog der Religionen

Der Buddhismus ist die Religion, die sich in Asien der weitesten geographischen Verbreitung erfreut, und für das Christentum gilt das gleiche im Hinblick auf die übrige Welt. Beide Religionen haben sich über Jahrhunderte in beinahe vollständiger Isolation voneinander entwickelt. Ursprung und Geschichte sind sehr verschieden. Jesus und der Buddha entstammen unterschiedlichen sozialen Verhältnissen, ihre Lebensgeschichte ist kaum vergleichbar: das weltüberwindende Lächeln des Buddha steht dem Schmerzensschrei Jesu am Kreuz gegenüber. Beider Leben und Wirken ist zutiefst von der Frage nach dem Ursprung und der Überwindung des Leidens durchdrungen, aber die Antworten sehen, zumindest auf den ersten Blick, sehr verschieden aus. Es gibt jedoch auch viele Gemeinsamkeiten: die Betonung der Liebe, die Überwindung des Egozentrismus und die Zähmung der ichhaften Wünsche und Begierden stehen in beiden Religionen im Mittelpunkt. Schon früh spürten Europäer, die dem Geist des Buddhismus in der Tiefe begegnen konnten, daß es sich hier um das »Evangelium des Ostens« handele, das mit dem Evangelium Jesu zwar nicht identisch ist, beide aber wie »zwei Lungen in der einen Brust oder die beiden Kammern desselben Herzens« (Jules Michelet) zusammenwirken könnten. Wir können dem hier nicht im einzelnen nachgehen, sondern möchten nur auf einige Gesichtspunkte verweisen, die für den heute gebotenen Dialog zwischen den Religionen wichtig sind.

1. Der Buddhismus wie das Christentum sind Bewegungen, die in einer bereits etablierten und institutionell differenzierten »Hochreligion« entstanden sind. Jesus trat gegen die Pharisäer und ein äußerlich verstandenes Gesetz auf, um die Botschaft der unbedingten Liebe Gottes, die den Menschen aus den Fesseln der Selbstgerechtigkeit befreit, zu verkünden. Der Buddha wandte sich gegen ein äußerliches Ritual und die damit verbundenen Kastenschranken, er erkannte die Nutzlosigkeit asketischer Selbstgerechtigkeit und verkündete durch das eigene Beispiel die Möglichkeit, daß durch geistige Disziplin eine Selbsttransformation der Natur des Menschen erzielt werden kann, so daß Liebe und heilende Hinwendung (die in diesem Buch durchgängig gebrauchte Übersetzung für den Sanskrit-Begriff *karunā*) zu allen Wesen ganz unabhängig von kultischen und sozial bindenden Gesichtspunkten praktisch möglich werden.

2. Jesus wie der Buddha entdeckten die Menschenwürde, die vorbehaltlos jedem Menschen aufgrund seiner transzendentalen Bestimmung zukommt: Jesus, indem er aus der Vaterschaft Gottes die geschwisterliche Liebe zwischen allen Menschen ableitete, der Buddha, indem er erkannte, daß jeder Mensch die Fähigkeit hat, durch Meditation sein wahres Selbst zu entdecken, das ungeachtet aller individuellen Unterschiede der Menschen letztlich allen gemeinsam ist. Damit sind in beiden Religionen die projektiven Mechanismen eines Ego durchschaut und überwunden, das sich durch Angst, Aggression oder Gier seine Identität aufbaut, und zwar auf Kosten der anderen

und gegen das Gesamtinteresse aller Wesen. Jesus nannte dies Sünde, der Buddha sprach von Verblendung.

3. Gewiß sind die religiösen und kulturellen Hintergründe beider Stifter viel zu unterschiedlich, als daß man von Identität der Anschauungen auch nur im entferntesten sprechen könnte. Beide zeigen aber in ihrem jeweiligen Kontext Strukturen in der Psyche wie in der Gesellschaft auf, die es zu überwinden gilt. Beide leisten somit im *Gesamtsystem* ihrer jeweiligen Umwelt und *funktional* Ähnliches, und dies ist vielleicht der eigentliche Vergleichspunkt.

4. Der heutige Buddhismus ist von der ersten Mönchsgemeinschaft um den Buddha vor zweitausendfünfhundert Jahren mindestens ebenso verschieden wie das heutige Christentum von der Urgemeinde und ihrer Lebenspraxis verschieden ist. Religionen wachsen in der Geschichte, sie stehen in ständiger Auseinandersetzung mit der Umwelt, und Stillstand in der Entwicklung würde geistigen Tod bedeuten. Heute jedenfalls sehen sich beide Religionen auf dem gemeinsamen Weg der Verteidigung von Humanität und Liebe in einer Welt, die in Gefahr ist. Beide befinden sich nicht mehr in Isolation voneinander, sondern ein äußerst fruchtbarer Austausch hat längst begonnen. Dabei geht es nicht darum, eine Einheitsreligion zu schaffen, sondern alle Religionen müssen in kritischer Gemeinschaft prüfen, was sie zum Wohl der heutigen Menschen beitragen und wie sie auf die drängenden Fragen der Zeit antworten können. Sie bereichern da-

bei einander nicht nur gegenseitig, sondern entdecken auch die Wurzeln und den authentischen Kern der jeweils eigenen Tradition wieder, die durch manchen Ballast und historische Schuld auf allen Seiten nur allzuoft zugeschüttet worden ist. Es geht im Dialog nicht darum, wer gegenüber dem anderen »recht« behält, sondern darum, wie wir gemeinsam, in allen Religionen und mit allen Menschen guten Willens, authentisch zu leben lernen und das in die Praxis umsetzen, was die großen religiösen Traditionen der Menschheit an Wegen zur geistigen Vertiefung und Praxis der Liebe gegenüber aller Kreatur lehren.

Der XIV. Dalai Lama ist ein engagierter Anwalt der Menschlichkeit und deshalb ein unermüdlicher und doch ganz und gar realistischer Befürworter dieses Dialogs, der weit über die institutionalisierten Systeme des Buddhismus oder des Christentums hinausgreift.

Tenzin Gyatso, der XIV. Dalai Lama

Der XIV. Dalai Lama wurde in eine Bauernfamilie im Dorf Takster, Provinz Amdo, am 6. Juli 1935 geboren. Sein Name war Lhamo Dhondrub. Zwei Jahre zuvor war der XIII. Dalai Lama gestorben. Entsprechend der tibetischen Tradition hatte man Abordnungen aus Mönchen und Regierungsbeamten ausgesandt, um die neue Inkarnation des Dalai Lama zu finden. Nach Prüfungen, die dem traditionellen System zur Auffindung von Reinkarnationen folgen, wurde der Knabe als Dalai Lama erkannt. Das Gebiet um Takster stand damals bereits unter chinesischer Kontrolle (Nordosttibet). Der muslimische Gouverneur verlangte von den tibetischen Regierungsbeamten ein hohes Lösegeld für den Knaben. Unter abenteuerlichen Umständen wurde der inzwischen Vierjährige nach Lhasa gebracht, wo er am 6. Oktober 1939 eintraf. Nachdem er den Mönchsnamen Tenzin Gyatso angenommen hatte, wurde der kaum Fünfjährige offiziell als Dalai Lama, geistliches und weltliches Oberhaupt des tibetischen Volkes, ausgerufen. Seine Ausbildung begann, als er sechs Jahre alt war; sie folgte dem klassischen tibetischen System, das in die »fünf kleinen Fächer« (Drama, Tanz und Musik, Astrologie, Poesie, Komposition) und »höhere Ausbildung« (Medizin, Sanskrit, Dialektik, Künste und Handwerk, Metaphysik und Religionsphilosophie) eingeteilt ist, wobei dem Studium der Mahāyāna-Sūtras und der buddhistischen Logik die größte Bedeutung zukam. Im Alter von dreizehn Jahren wurde er zum Studium an den beiden großen Klosteruniversitäten Drepung und Sera zugelassen. Zu den bereits genannten Fächern trat jetzt die öffentliche dialektische Disputation mit gelehrten Äbten dieser Klöster hinzu. Im Alter von vierundzwanzig Jahren legte er die Vor-Examina an den drei Klosteruniversitäten Drepung, Gaden und Sera ab, um sich ein Jahr später dem endgültigen Examen zu unterziehen und den Geshe-Titel (eine Art theologisch-philosophischer Doktorgrad) zu erwerben.

Als im Oktober 1950 chinesische Truppen in Osttibet einmarschierten, wurde dem erst Fünfzehnjährigen am 17. November 1950 die volle Staatsgewalt übertragen. Der Dalai Lama ließ 1951 in Beijing Verhandlungen führen, die zu einem Vertrag führten, in dem China garantierte, daß die Tibeter unter Oberhoheit der maoistischen Truppen kulturell-religiös relativ autonom leben könnten. Am 9. September 1951 besetzten chinesische Truppen die tibetische Hauptstadt Lhasa. Die Repressionen der Besatzungsarmee nahmen ständig zu, weshalb der Dalai Lama 1954 selbst nach Beijing ging, um mit Mao zu verhandeln. Er versuchte auszugleichen, zu vermitteln und jahrelang die unterdrückten Tibeter von Gegengewalt abzuhalten, bis schließlich am 10. März 1959 doch ein Aufstand in Tibet losbrach. Die Kämpfe dauerten mehrere Tage. Chinesische Artillerie zerstörte Teile der Stadt und vor allem den Palast des Dalai Lama.

Dieser war in der Nacht zuvor, am 17. März 1959, über die Pässe in Richtung Indien geflohen. Am 31. März 1959 erreichte er die Grenze. Nehru bot ihm und den anderen tibetischen Flüchtlingen Exil an. Gegenwärtig leben etwa hunderttausend Tibeter im indischen Exil. Der Dalai Lama steht einer Exilregierung vor, die international nicht anerkannt ist.

Trotz des Genozids in Tibet empfindet der Dalai Lama keinerlei Haß gegen China. Wiederholt hat er geäußert, daß man den Unterdrückern helfen müsse, ihre Unwissenheit zu überwinden, damit sie zu Freunden würden.

Durch zahlreiche Reisen in Indien, Amerika, Australien, Japan, Südostasien, Europa, der Sowjetunion und der Mongolei hat er das Schicksal der Tibeter im Ausland bekanntgemacht. Er tritt für einen Ausgleich mit China ein, verlangt die Selbstbestimmung des tibetischen Volkes und glaubt an eine auf gleichberechtigter

Beziehung beruhende Kooperation zwischen verschiedenen Religionen, Weltanschauungen und Staaten. Im interreligiösen Dialog ist er die gewichtigste Stimme auf buddhistischer Seite. Seine persönliche Ausstrahlung hat bewirkt, daß er in Indien auch von Nicht-Buddhisten als religiöse und moralische Autorität anerkannt wird. Buddhisten in Südostasien und Fernost akzeptieren ihn mehr und mehr als authentische Stimme des Buddhismus in der Welt, auch wenn sie die Tradition reinkarnierter Lamas nicht kennen. Im buddhistisch-christlichen Dialog hat er eine aktive Rolle als Förderer ungezählter Dialogprogramme gespielt. Er setzt sich für das Gespräch zwischen moderner Naturwissenschaft und östlichen Religionen ein, so zuletzt auf der Konferenz »Raum und Zeit« (Garmisch-Partenkirchen 1986) als Gesprächspartner von Carl Friedrich von Weizsäcker. Im Dialog mit den christlichen Kirchen (Begegnungen mit Papst Paul VI., Johannes Paul II., dem Weltkirchenrat, dem Erzbischof von Canterbury u. a.) setzt er sich für Zusammenarbeit aller Religionen für den Frieden in der Welt ein (Teilnahme am Friedensgebet 1986 in Assisi).

Er ist mit zahlreichen Ehrendoktorwürden europäischer, indischer und amerikanischer Universitäten sowie mit anderen Auszeichnungen geehrt worden.

Zum Text dieses Buches

Die in diesem Buch zusammengefaßten Texte stammen aus den Jahren 1963 bis 1984. Sie gehen auf Reden, Interviews und Diskussionen zurück, die der Dalai Lama für tibetische Flüchtlinge in Indien, aber auch für Hörer in Amerika und Europa gehalten hat. Einige Abschnitte erschienen in Zeitschriften in Indien und Amerika. Bereits im Jahre 1975 gab die *Library of Tibetan Works and Archives* einen kleinen Band heraus, der dann 1984 wesentlich erweitert wurde und auch dieser Ausgabe zugrunde liegt. Die Reden wurden teils auf englisch, teils auf tibetisch gehalten. Für die deutsche Ausgabe sind die Texte dort überarbeitet und ergänzt worden, wo es sich im Vergleich mit Quellentexten und anderen Ausgaben der Reden des XIV. Dalai Lama (vor allem in der Edition des amerikanischen Tibetologen Jeffrey Hopkins) um des besseren Verständnisses willen als sinnvoll erwies. Die Texte wurden gekürzt, wo zu häufige Überschneidungen dies ratsam erscheinen ließen. Dennoch enthält der vorliegende Text zahlreiche Wiederholungen, die nicht nur deshalb stehengeblieben sind, damit sich dem Leser die Gedanken des Dalai Lama gut einprägen, auch wenn sie die fremde Gedankenwelt der buddhistischen Philosophie betreffen, sondern auch, um die ursprüngliche Frische und die direkte, warmherzige, ja oft humorvolle Redeweise des Dalai Lama auch im übersetzten Text ein wenig spürbar zu machen. Um der Deutlichkeit und Präzision willen habe ich gelegentlich die Begriffe, auf die sich der Dalai Lama in seinen Ausführungen bezieht, in Sanskrit oder Tibetisch hinzugefügt.

Möge dieses Buch zum Verständnis zwischen den Religionen beitragen und vor allem denen helfen, die religiöse Werte und Ideale im Kontext der heutigen gesellschaftlichen Situation ernst nehmen und praktizieren wollen. Möge diese Botschaft universaler Verantwortung und liebender Hingabe Anregung und Mut zur Praxis machen.

Tübingen, im April 1987 Michael von Brück

1.
Buddhismus als Religion der Vernunft

Zu religiösen Festen versammelten sich früher in Tibet alle Einwohner in den Tempeln und vor den Altären und beteten. Arme und Reiche, Geschäftsleute und Farmer, studierte Mönche und ungebildete Nomaden, sie alle kamen zusammen und vollzogen die spirituellen Übungen.

Inzwischen ist für das tibetische Volk ein anderes Schicksal herangereift. Unser eigenes schlechtes Karma hat bewirkt, daß unser Land unter die Herrschaft skrupelloser ausländischer Eindringlinge gefallen ist. Unser Land der Berge, einst friedlich und ruhig, ist zu einer Stätte der Gewalt und großen Leides geworden. Wo einst unsere farbenfrohen Kleider, die wir Tibeter so lieben, ihren Platz hatten, werden die Menschen nun gezwungen, fremde Uniformen zu tragen, die ihre gesellschaftliche Stellung unter einem aufgezwungenen chinesischen kommunistischen Regime anzeigen: Beamte, Gefangene, Arbeiter, vorbildliche Freiwillige, Parteimitglieder, Reaktionäre usw. Sie müssen ständig Tag und Nacht in Spannung, Unsicherheit und Furcht leben. Es gibt kaum eine Familie, die nicht eines oder mehrere Mitglieder durch die brutale chinesische Unterdrückung verloren hat oder von der nicht nahe Verwandte irgendwo in Konzentrationslagern gefangengehalten werden. Wir in unserem freiwilligen Exil mögen als Flüchtlinge Schwierigkeiten haben, aber wir sind zumindest frei. Wir werden nicht jeden Abend zur Teilnahme an Umschulungsversammlungen gezwungen, uns wird nicht vorgeschrieben, wohin und wohin wir nicht gehen dürfen und was wir denken, lesen oder sagen dürfen und was nicht. Und was jedem tibetischen Herzen am teuersten ist – wir können unsere Religion frei ausüben.

Es gibt in dieser Welt viele unterschiedliche Religionen. Jede Religion hat ihre Besonderheiten, ihre einzigartige Weise, den spirituellen Weg aufzuzeigen. Wir Tibeter haben den Buddhismus zu unserer Religion gewählt. Der Buddhismus ist eine außerordentlich überzeugende und tiefsinnige Religion, da er nicht ein Weg des Glaubens, sondern der Vernunft und der Erkenntnis ist. Buddha selbst stellte fest, daß seine Lehre nicht auf dem Glaubensweg akzeptiert werden solle, sondern im Lichte der Vernunft und logischer Untersuchung zu prüfen sei. Viele seiner Lehren dürften nicht wörtlich genommen werden, sondern verlangten eine interpretierende Methode. Darum müßten seine Jünger jeden Punkt der Lehre persönlich abwägen und herausfinden, ob er direkt oder nur im übertragenen Sinne gültig sei. Er gab den Rat, Lehren, die nicht anwendbar seien und der Prüfung durch logische Untersuchung nicht standhielten, nicht zu akzeptieren.

Die Lehren des Buddha verlangen deshalb eine so sorgfältige Analyse, weil er sie über viele Jahre hinweg Menschen unterschiedlicher Prägung und Intelligenz gelehrt hat. Große indische Meister wie Nāgārjuna und Asaṅga, deren Kommen vom Buddha selbst prophezeit worden war, haben viele Abhandlungen darüber geschrieben, welche Lehren wörtlich wahr und welche nur im übertragenen Sinn zu verstehen seien. Wären alle Lehren wörtlich zu verstehen, hätte uns der

Buddha nicht zur selbständigen Prüfung jeder einzelnen Lehre und zur Zurückweisung oder Neuinterpretation solcher Lehren angehalten, die logischer Untersuchung nicht standhalten können. Außerdem hätte er dann nicht das Kommen von Nāgārjuna und Asaṅga prophezeien müssen, die seine Lehren erläutern würden. So erwartet der Buddha also nicht von uns, alles, was er lehrte, zu akzeptieren, sondern wir sollen jede seiner Lehren prüfen und nur solche praktizieren, die unserer eigenen Logik und Vernunft entsprechen.
Dadurch werden wir befähigt, solche Lehren zu praktizieren, die mit unserer persönlichen Entwicklung und Begabung übereinstimmen, und die anderen Lehren in einem entsprechenden Licht zu betrachten. Die verschiedenen Schulen des Buddhismus haben sich im wesentlichen aufgrund dieses Facettenreichtums an Lehren entwickelt, wobei jede Schulrichtung einen spezifischen Aspekt der Lehre besonders betont, für das Fundament hält und darum auch wörtlich interpretiert, während davon abweichende Lehren im übertragenen Sinne verstanden werden. Damit hat uns der Buddha einen umfassenden und tiefgründigen Zugang zu seiner Lehre vermittelt.
Hätte der Buddha nicht auf die Wahrheit in seinen Lehren gebaut, wären seine Lehren also nur auf Vermutungen gegründet, dann hätte er uns nicht empfohlen, seine Worte kritisch zu beurteilen. Statt dessen hätte er uns ein Dogma wie dieses gegeben: »Glaube, was ich sage, sonst wird es dir schlecht ergehen.« Die Tatsache, daß er ständig die Vernunft gegenüber der blinden Hinnahme von Lehrsätzen befürwortet, zeigt uns, daß seine Lehre auf Wahrheit und nicht auf Phan-

tasie beruht. Je intensiver wir einen Aberglauben oder eine Unwahrheit analysieren und hinterfragen, um so weniger glauben wir daran; je mehr wir die Wahrheit hingegen untersuchen, desto stärker wird unser Glaube. Das ist die Natur von Wahrheit und Unwahrheit. Als ich Mao Zedong das letztemal traf, sagte er mir: »Religion ist Opium. Sie schadet der Menschheit und nützt ihr nicht. Die Religion hat Tibet und die Mongolei vergiftet.« Als er das sagte, konnte ich ihm nicht zustimmen, und je länger ich darüber nachdenke, desto stärker werden meine Zweifel an seiner Meinung. Er hat sich nicht wirklich tief genug mit dem allgemeinen Ziel und den Wirkungen von Religion auseinandergesetzt und ignorierte insbesondere die tiefgründigen philosophischen Lehren des Buddhismus. Darum war er überzeugt, daß der Buddhismus für die Gegenwart ohne jede Bedeutung sei. Ihm waren einzelne Fälle bekannt, wo einige Mönche Religion dazu benutzt hatten, aus gutgläubigen Menschen den Unterhalt für ein bequemes Leben herauszupressen, und er schloß daraus, daß jede Religion lediglich ein Mittel sei, sich vor der Arbeit zu drücken und ein leichtes Leben zu führen. Mao war weder ein böser noch ein schlechter Mensch; er verstand nur viele Dinge im Leben falsch, zu deren wichtigsten die Religion zählt.

Wie ich schon an anderer Stelle sagte, hat jede Religion ihre eigenen Vorstellungen und Methoden. Das Bemerkenswerte am Buddhismus ist, daß er sich eher als humanistisch denn als formal-religiös darstellt, denn er versucht, die Probleme, denen wir im Leben begegnen, zu erklären und Hilfen zu ihrer Überwindung anzubieten. Anders als die meisten Weltreligionen gründet er nicht auf der Idee eines Gottes, sondern er hat den Menschen und seine Vervollkommnung zum Thema. In vielen Religionen steht die Vorstellung eines Gottes im Mittelpunkt, mit deren Hilfe die Probleme menschlicher Existenz gelöst werden sollen, wie in der Schöpfungslehre und im Evolutionsgedanken. Obwohl diese Antwort leicht verständlich ist, kann sie logisch nicht begründet werden. Der Buddha hat das vermeiden wollen, indem er eine Lehre vermittelte, die bis in alle Einzelheiten logisch bewiesen werden kann. Dadurch, daß der Buddha die Gottestheorie ausgeklammert hat, vermied er gleichzeitig viele damit verbundene problematische Vorstellungen, wie beispielsweise die Gefahr, daß sich der Mensch übermäßig erniedrigt fühlen kann: er kann Gott verehren und eines Tages vielleicht sogar zu seinen Füßen sitzen, aber er kann ihm niemals gleich sein. Gott ist ein anderes Wesen, und wir Menschen sind als seine Geschöpfe für immer dazu bestimmt, uns ihm unterzuordnen. Wir können lediglich seinen Geboten blind gehorchen und dieselben ausführen oder die Konsequenzen eines Aufstandes gegen unseren Schöpfer und Erhalter auf uns nehmen. Das hat allerdings die positive Konsequenz, daß unser Ichgefühl verringert wird und daß die praktischen Lehren wie Moral, Liebe, Verehrung und andere als sinnvoll betrachtet werden. Die Gefahr liegt jedoch darin, daß der Mensch die volle Größe des menschlichen Potentials nicht erkennen und ausschöpfen kann. Zum anderen erlauben Religionen, die auf der Gottesvorstellung basieren, ihren Gläubigen normalerweise nicht, das »Wort Gottes«

abzulehnen, selbst wenn es aller Vernunft widerspricht, was leicht zu einem Erlahmen kritischen Fragens führen kann. Außerdem tauchen bei der Abhandlung der Gottestheorie unmittelbar philosophische Probleme auf, wie beispielsweise die Frage: Wenn Gott allmächtig ist und alles geschaffen hat und erhält, dann hat Er auch das Leiden und die Ungerechtigkeit hervorgebracht. Daraus können wir folgern, daß er außergewöhnlich grausam und böse sein muß, wie eine Mutter, die vorsätzlich ein Kind zur Welt bringt, nur um es dann zu peinigen und großen Schmerzen auszusetzen. Um solche Probleme zu vermeiden, hat uns der Buddha eine vernunftgemäße Lehre gegeben und einen Weg gewiesen, der sich auf die menschlichen Probleme und Zielsetzungen konzentriert. Er machte den Menschen selbst für seine jeweilige Existenz verantwortlich und zeigte Methoden, durch die wir unseren gegenwärtigen Zustand verbessern können, bis wir zur Vollendung gelangt sind. Er betrachtete den Menschen als Schöpfer seines Schicksals, als die treibende Kraft, die für seine Entfaltung oder Degeneration verantwortlich ist. Die Buddhas sind keine Schöpfer; sie sind vielmehr Lehrer und Führer für solche, die hören wollen. Ob sich jemand dafür entscheidet, ihre Führung anzunehmen oder nicht, liegt bei jedem einzelnen selbst.

Nach buddhistischer Lehre ist nichts anderes als die reifende Kraft unserer vergangenen Taten oder unseres Karma Schöpfer der Welt. Alles, was wir tun oder denken, hinterläßt einen Eindruck in unserem Bewußtseinskontinuum, der zu unserer künftigen Entwicklung beiträgt. Das bedeutet: Glück ist immer ein Ergebnis positiv kreativer Aktivitäten. Mehr noch, negative Aktivitäten und Handlungen entstehen nur in einem verblendeten Bewußtsein und positive Handlungen in einem von Erkenntnis geprägten Bewußtsein. Darum zielt die gesamte religiöse Praxis darauf ab, einen positiven und schöpferischen Bewußtseinszustand zu kultivieren und zu stärken, negative oder destruktive Zustände aber zu überwinden. Ein entwickeltes Bewußtsein ist diszipliniert und ruhig. Es vermittelt nicht nur dem betreffenden Menschen selbst, sondern auch allen anderen, mit denen er zusammentrifft, Frieden. Seine unmittelbare Wirkung auf den einzelnen und die Gesellschaft läßt sich ebenso leicht erkennen wie die negativen Wirkungen eines destruktiven Bewußtseins. Die weiterreichenden Wirkungen, die sich auf Jahre und Lebenszeiten erstrecken, sind natürlich subtiler und erfordern eine hochentwickelte Wahrnehmung oder logische Beweiskraft, um sie zu ergründen.

Im Falle der chinesischen Invasion in Tibet können wir die unmittelbaren Auswirkungen eines unzivilisierten und rücksichtslosen Aktes der Aggression deutlich erkennen: an der Zahl der Toten auf beiden Seiten und an dem Unglück, das die Invasion für die Lebenden gebracht hat, was natürlich Haß und Gewalt zur Folge haben muß. Auf chinesischer Seite liegt die Ursache in Verblendungen wie Gier und Machtlust, auf tibetischer Seite hat das in der Vergangenheit angesammelte negative Karma, das auf Verblendung beruht, dazu geführt. Wenn das Bewußtsein eines Menschen spirituell gereift ist, bringt es nicht länger solche Probleme für uns selbst und für die anderen hervor. Aus diesem

Grunde hat der Buddha gesagt: »Ein spirituell gereiftes Bewußtsein ist Gück, ein verblendetes Bewußtsein ist Leiden.«

Der Buddhismus betont nicht den Glauben an irgend etwas oder an irgend jemanden, sondern die praktische Herausbildung eines wissenden, gereiften und schöpferischen Bewußtseins und die Überwindung der leidverursachenden Emotionen wie Gier, Ärger, Anhaften, Unwissenheit und so weiter. Dies führt automatisch zu mehr Glück und weniger Elend für einen selbst und die Mitmenschen.

Der Buddha sagte einst: »Du bist dein eigener Retter oder dein eigener Gegner.« Damit sind wir alle gemeint. Nehmen Sie mich zum Beispiel: Wenn ich versuche, mich in Güte zu üben und mein Bewußtsein heilsam zu formen, werde ich zu meinem eigenen Retter. Sollte ich aber den üblen Kräften erlauben, mein Bewußtsein zu bestimmen, werde ich zu meinem eigenen Zerstörer. Hätte Mao Religion in diesem Licht gesehen, so, glaube ich, hätte er wohl nicht von Opium sprechen können.

Heutzutage sprechen viele asiatische Gelehrte von einer gewissen Übereinstimmung buddhistischer und kommunistischer sozialer Grundanschauungen. Es ist wahr: sie haben vieles gemein. Trotzdem gibt es grundsätzliche Unterschiede.

So steht im Kommunismus das Materielle, die Dinge dieses Lebens, im Zentrum, während der Buddhismus die Bedeutung einer stabilen materiellen Basis zwar nicht unterschätzt, im wesentlichen aber eine spirituelle Ausrichtung hat und im materiellen Komfort nur ein Werkzeug sieht, mehr andauernde innere Werte zu schaffen. Mit anderen Worten, dem Kommunisten geht es hauptsächlich um den Körper, der mit dem Tod aufhört zu existieren, während sich der Buddhist in erster Linie mit dem Bewußtsein befaßt, das in künftigen Existenzen fortdauert. Unter dem Gesichtspunkt der buddhistischen Lehre von den beiden Ebenen der Wahrheit, das heißt der absoluten und der relativen Wahrheit, konzentriert sich der Kommunismus auf die oberflächliche Ebene der relativen Wahrheit, während der Buddhismus weiß, daß ein wahres Verständnis des Relativen letztlich nur dann möglich ist, wenn man die absolute Wahrheit zuvor erkannt hat. Mit anderen Worten, Kommunisten sind vor allem an einer Befriedigung der materiellen Bedürfnisse des Menschen interessiert, während der Buddhist, obwohl er die Bedeutung der materiellen Dinge nicht unterschätzt, das Bewußtsein als letztgültiges Sein und Grundlage sowohl für Glück als auch Leid erkennt und darum, mehr einem modernen Psychologen vergleichbar, einen Zustand geistiger Harmonie im Menschen schaffen möchte, der ihn befähigt, mit allen Lebenslagen besser fertig zu werden.

Im Buddhismus strebt der Mensch danach, zur Erleuchtung zu gelangen, indem er die tieferen Ebenen der Wirklichkeit erfährt. Wie ich sagte, ist der Buddhismus ein Weg der Vernunft und der logischen Analyse. In Tibet, vielleicht weil wir in diese Religion hineingeboren wurden, hielten wir dies oft für selbstverständlich. So übernahmen viele ihre religiöse Praxis nicht aufgrund tieferer Einsicht, sondern mehr aus einem unbewußten Glauben oder Vertrauen heraus. Ihr religiöses Leben glich einem Schloß, das auf Eis erbaut war. Als sie durch die chinesische Invasion aus ihrer Heimat vertrieben wurden, schmolz das Eis, und das Schloß brach zusammen. Für diejenigen mit einer festen und auf vernünftigen Argumenten beruhenden Grundlage brachten diese Veränderungen jedoch eine Stärkung und Vertiefung ihres Glaubens. Die Berührung mit anderen Werten und Anschauungen, wie etwa westlicher Wissenschaft und Technik, vertiefte ihr Verständnis und ihre Überzeugungen hinsichtlich buddhistischer Praxis. So gaben uns die Chinesen eine wichtige Lektion, und wir sollten ihnen dafür dankbar sein. Wir sollten daraus lernen, in Zukunft mehr auf unsere eigene Einsicht in die Lehre als auf bloße Zitate der buddhistischen Schriften zu bauen. Beinahe alle Tibeter waren Buddhisten. Deshalb wurde unser Glaube kaum angezweifelt und herausgefordert. Aber dies gehört nun zur Vergangenheit. Wir sollten uns die Methode des indischen Meisters Dharmakîrti zu eigen machen, der alles in Frage stellte und auf diese Weise zu unerschütterlicher Überzeugung und Einsicht in alle Lehren kam. In seiner Schrift Pramanavarttika untersucht er Themen wie Karma, vergangene und zukünftige Leben, das Verhältnis von Bewußtsein und Körper, das Konzept vom Beginn und Ende der zyklischen Existenz, die Möglichkeit der Befreiung und Buddhaschaft und anderes mehr mittels kritischer Analyse. Auch wir sollten diese Themenkreise mit den Mitteln, die er aufgezeigt hat, kritisch hinterfragen und verstehen lernen und vielleicht einige Kommentare dazu schreiben, um seine Ideen auf zeitgemäße Weise auszudrücken.

Die Trennungslinie zwischen einem Buddhisten und

einem Nichtbuddhisten ist die, daß der Buddhist seine Zuflucht zu den Drei Juwelen nimmt: dem Buddha, der unser Lehrer und das Ziel, das wir erreichen sollen, ist, dem Dharma oder der Lehre beziehungsweise dem Pfad, den wir verwirklichen sollen, und dem Saṁgha oder der Mönchsgemeinde und allen in der Praxis des Dharma Fortgeschrittenen. Wiederum ist es wichtig, daß diese Zuflucht aus einem umfassenden Verständnis dessen, was diese Drei Juwelen verkörpern, genommen wird. Sich bloß als Buddhist zu bezeichnen genügt nicht. Man muß die Unzufriedenheit mit der weltlichen Existenz innerlich erfahren und erkannt haben, daß die Zuflucht zu den Drei Juwelen, verbunden mit spiritueller Praxis, welche diese Zuflucht einschließt, einem helfen wird, diesen weltlichen Zustand des Seins zu transzendieren. Außerdem sollte man die karmischen Gesetze von Ursache und Wirkung hinreichend verstehen und sich bemühen, in Harmonie mit ihnen zu leben. Kurz, wir sollten keine Anstrengung scheuen, unser Bewußtseinskontinuum von negativen Einflüssen zu reinigen und positive Qualitäten wie Liebe, heilende Hinwendung zu allen Wesen, Ablösung von Objekten unserer Begierde, höhere Meditation und Weisheit zu erreichen. Wir müssen die unmittelbare Verantwortung für unser eigenes spirituelles Leben übernehmen und dürfen uns von niemandem und nichts abhängig machen, denn selbst die Buddhas der Zehn Richtungen und Drei Zeiten können uns nicht helfen, wenn wir uns nicht selbst bemühen. Gäbe es ein anderes Wesen, das fähig wäre, uns zu retten, so wäre dies schon längst geschehen.

Wir sind mit einem menschlichen Leben und allen

seinen Möglichkeiten gesegnet. Im Gegensatz zu Tieren und niedrigeren Lebensformen können wir den Weg zur Erleuchtung beschreiten und seine Frucht ernten, was ein Akt letztlicher Güte für uns und die anderen in gleicher Weise ist. Es gilt aber zu bedenken: Der Tod bedroht uns von allen Seiten und kann uns in jedem Augenblick dieser kostbaren Gabe des Lebens berauben. Wenn wir sterben, können wir nichts mit uns nehmen außer den Eindrücken in unserem Bewußtsein, die durch unser gesamtes Lebenswerk bestimmt sind. Ein König verliert sein Königreich, und auch ein lahmer Bettler muß sogar seinen Bettelstab zurücklassen. Wir sollten schnell, solange wir noch Gelegenheit dazu haben, Erleuchtung erlangen. In weniger als einem Jahrhundert werden alle von uns hier gestorben sein. Vielleicht wird man dann sagen: »Der Dalai Lama hat hier einst eine Rede gehalten.« Nur diese blasse Erinnerung wird von dem heutigen Tag zurückbleiben. Wir wissen nicht, ob wir morgen noch am Leben sein werden. Wir haben keine Zeit zu zaudern; auch ich, der ich heute zu Ihnen spreche, habe keine Garantie, daß ich diesen Tag überleben werde. Ich hoffe, daß mein Leben so lang und fruchtbar sein wird wie das von Gedün Drup, dem Ersten Dalai Lama (1391–1474), da im Moment viele Menschen ihre Hoffnung auf mich setzen, aber wer weiß? Darum praktiziere ich so intensiv wie möglich und rate Ihnen, dasselbe zu tun. Aber tun Sie es nicht blind, sondern auf der Grundlage von Weisheit und Einsicht. Dann werden Sie mit jedem Tag spirituell wachsen und unabhängig davon, welche Umstände Ihnen das Leben bringt, auf dem Pfad ohne Zaudern voranschreiten.

Unser Leben im Exil ist beschwerlich, aber wenn wir unser Leben in der Praxis des Buddha-Dharma verankern, kann dies zu einem ausgezeichneten Katalysator für spirituelle Vervollkommnung werden. Hoffentlich werden wir nach einigen Jahren oder Jahrzehnten in unser Land und zu unseren Lieben, die wir zurücklassen mußten, zurückkehren können. Lassen Sie uns dafür beten und jede Anstrengung unternehmen, daß sich dieser Wunsch erfüllen mag.

Ich habe Ihnen einiges von dem mitgeteilt, was mich bewegt. Die Stimme des Dalai Lama, des buddhistischen Mönches Tenzin Gyatso, ist nicht zum Schweigen verurteilt. Gibt es etwas in meinen Worten, dem Sie zustimmen können, ist es gut. Falls Sie nicht übereinstimmen, ist das auch kein Schaden, denn dann können Sie diese Dinge einfach vergessen. Akzeptieren Sie diese Gedanken nicht deshalb, weil sie vom Dalai Lama vorgetragen worden sind. Vertrauen Sie nur dem, was Ihnen vernünftig erscheint und für Sie und Ihr spirituelles Leben hilfreich ist.

2.
Universale Verantwortung und ein gutes Herz

2.1 Aus verschiedenen Reden

Auf meiner ersten Reise im Westen ist mir vieles aufgefallen, was den Westen vom Osten und insbesondere von meinem Heimatland Tibet zu unterscheiden scheint. Es war jedoch auch nicht schwer, diese oberflächlichen Unterschiede auf dem Hintergrund der besonderen kulturellen, historischen und geographischen Bedingungen, die diese speziellen Lebensformen und Verhaltensmuster geprägt haben, zu verstehen. So bin ich mir immer dessen bewußt, daß Sie und ich, was das Wesen unseres Menschseins betrifft, gleich sind, und daß den äußeren Verschiedenheiten nur eine untergeordnete Bedeutung zukommt. Wichtig allein ist, daß wir als Menschen gleich sind und darum einander achten und jedem das gleiche Recht auf ein glückliches Leben ohne Leiden zugestehen.
Darum sehe ich zwischen Ost und West oder Ihnen und mir nichts grundsätzlich Trennendes, und auch diese Zusammenkunft heute ist für mich eine Begegnung von Mensch zu Mensch, von Herz zu Herz. Die Notwendigkeit solcher Beziehungen von Mensch zu Mensch wird immer dringlicher. Die Welt scheint immer kleiner zu werden, und die Völker sind zunehmend aufeinander angewiesen. Zur Zeit unserer Vorfahren blieben die meisten Probleme auf den Familienverband beschränkt und konnten darum auch auf Familienebene gelöst werden; doch das ist endgültig

vorbei. Heute sind die Staaten und Völker so voneinander abhängig geworden und so eng miteinander verwoben, daß ohne ein Bewußtwerden unserer universalen Verantwortung unsere Existenz oder unser Überleben in Frage gestellt wird. Die Probleme einer Nation können beispielsweise nicht mehr umfassend und zufriedenstellend ohne die Hilfe und Kooperation anderer Nationen gelöst werden. Darum, so glaube ich, ist menschliches Glück nur zu erreichen, wenn wir aus Sorge um den Mitmenschen verantwortlich handeln. Zu allen Zeiten haben Meister aller Religionen solche Ideen zu vermitteln versucht, und heute brauchen wir dies vielleicht mehr als je zuvor.

Solange wir uns der universalen Verantwortung nicht bewußt werden und die Leiden der Mitmenschen nicht genauso ernst nehmen wie unsere eigenen Leiden, mit anderen Worten, solange wir nicht ein gutes Herz haben, wird es schwierig sein, menschliches Glück und Weltfrieden zu erlangen. Eine natürliche Beziehung der Menschen von Herz zu Herz könnte äußere Schranken wie Hautfarbe und Glaubenszugehörigkeit überwinden und viele Probleme, die uns heute plagen, lösen. Wir könnten dadurch die Denkweise des anderen besser verstehen und tolerieren und von unmenschlichen Vorurteilen frei werden.

Wenn wir es schaffen, mehr Einvernehmen und Verständigung unter uns Menschen zu erreichen, dann können wir auf dieser Basis versuchen, die Leiden der anderen zu teilen und zu überwinden und Glück zu erlangen. Das eigene Glück folgt automatisch der Sorge um den Mitmenschen. Man muß bereit sein, das Leben für die Mehrheit zu opfern. Heilende Hinwendung zum anderen ist eine der zentralen Lehren des Mahāyāna-Buddhismus. In diesem Zusammenhang möchte ich einen Vers zitieren, der dies verdeutlicht:

Wenn du nicht imstande bist, dein Glück
für das Leiden anderer Wesen einzutauschen,
hast du keine Hoffnung auf Buddhaschaft
noch auf Glück in diesem jetzigen Leben.

Das bedeutet, daß, wenn man fähig ist, das Gegenteil von dem zu tun, was der Vers beschreibt, man nicht nur die Möglichkeit haben wird, das letzte Ziel, die Buddhaschaft, zu erreichen, sondern daß man durch diese Praxis auch die täglichen Probleme bewältigen und Frieden im Herzen finden kann. Die zentrale Aussage des Mahāyāna-Buddhismus, dem wir in unserer Praxis folgen, ist heilende Hinwendung *(karuṇā)*. Im Mahāyāna opfert man sich selbst auf, um das Heil für die anderen zu erlangen.
Avalokiteśvara wird als Herr der Barmherzigkeit vorgestellt, aber der wirkliche Avalokiteśvara ist heilende Hinwendung selbst. Mit anderen Worten, Avalokiteśvara symbolisiert eine von den Tibetern am höchsten verehrte vorbildhafte Qualität, die wir unbegrenzt in uns wachsen lassen sollen. Diese unterschiedslose, unbedingte und unbegrenzte heilende Hinwendung zu allem Lebenden unterscheidet sich von der gewöhnlichen Liebe, die wir unseren Freunden, Verwandten oder der Familie entgegenbringen. Liebe, die sich auf unsere Nächsten und Lieben beschränkt, ist vermischt mit Unwissenheit, einer gefühlsmäßigen Bindung, während die Liebe, die hier gemeint ist, sich

auch auf Menschen ausdehnt, die uns Schaden zugefügt haben. Solche Liebe muß und kann auf alle Lebewesen gerichtet werden.

Die Entwicklung eines gütigen Herzens oder des Gefühls der Nähe zu allen Menschen hat nichts zu tun mit irgendeiner Form von Religiosität, wie wir sie normalerweise im Kultus der Religionen praktizieren. Nicht nur Gläubige, sondern alle Menschen, unabhängig von Rasse, Religion oder irgendeiner politischen Bindung, sind von dieser Aufgabe betroffen. Jeder ist angesprochen, der sich als Glied der Menschheitsfamilie betrachtet und in größeren Zusammenhängen denkt. Und ist es nicht so, daß schon unsere Eltern uns in der Kindheit liebevoll erzogen haben? Müssen wir nicht zugeben, daß die Liebe eine ganz wesentliche Rolle im menschlichen Leben spielt? Sie tröstet, wenn man hilflos und traurig ist, und sie tröstet auch im Alter und in der Einsamkeit. Die Liebe ist eine dynamische Kraft, deren Möglichkeiten wir uns bewußtmachen sollten und die wir nicht vernachlässigen dürfen, wie es oft geschieht, wenn Menschen im Zenit ihres Lebens stehen, in einem Lebensalter, in dem sie sich auf der Höhe ihrer Kräfte befinden und sich demzufolge in einer falschen Sicherheit und Unabhängigkeit wähnen. Die rationale Begründung für diese Liebe liegt in der Erkenntnis, daß alle Lebewesen glücklich sein und nicht leiden wollen, daß alle dasselbe Recht dazu haben und daß das einzelne Individuum einer unendlichen Anzahl anderer Wesen mit ihrem Verlangen nach Glück gegenübersteht.

So betrachtet wird das individuelle Glück nicht aus bewußt eigennützigen Motiven gesucht. Es wird automatisch zu einem in Qualität und Quantität geringerem Beiprodukt des gesamten Prozesses der Liebe und des Dienstes am anderen. In den Lehren des Mahāyāna-Buddhismus sind damit nicht nur die Menschen, sondern alle Lebewesen gemeint. Denn letztlich tragen alle Lebewesen die Möglichkeit zur Buddhaschaft in sich.

Berücksichtigen wir diese drei Punkte, nämlich den Wunsch, das Recht und die Möglichkeit zur Erlangung von Glück und dem Vermeiden von Leiden, und sind wir uns dabei immer unserer relativen Unwichtigkeit im Verhältnis zu den anderen bewußt, so kommen wir zu dem Schluß, daß es sich lohnt, das eigene Wohlergehen dem der anderen zu opfern. Ist man in dieser Art von Denken geübt, sind die Voraussetzungen für wahre heilende Hinwendung, wahre Liebe und Achtung des anderen geschaffen. Eine aufgeklärte – oder besser – eine durch Erkenntnis bestimmte Betrachtungsweise ist weder religiös oder moralistisch im herkömmlichen Sinn; sie dient nicht nur denen, auf die diese Praxis der heilenden Hinwendung abzielt, sondern auch denen, die diese Haltung ausüben. Unsere alltägliche Erfahrung bestätigt uns, daß ein egozentrisches Herangehen an die Probleme sowohl für das Individuum selbst wie auch für die Gesellschaft eine destruktive Wirkung haben kann. Die Probleme werden nicht gelöst, sondern vermehrt. Wird man beispielsweise plötzlich mit einem Problem konfrontiert, so gewinnt man, indem man sich selbst hinterfragt und nicht andere beschuldigt, Selbstkontrolle und innere Ruhe in einer Situation, wo man normalerweise die Beherrschung verliert. Beschuldigt man hingegen bei

negativen Ereignissen die anderen, so vermehren sich Ärger, Haß oder Eifersucht, und man wird letztlich unzufrieden sein und leiden. Auch die anderen, die Freunde und Nachbarn, werden in Mitleidenschaft gezogen, wenn man schlechten Gedanken und Gefühlen freien Lauf läßt. Also sollte man statt dessen genau das Gegenteil tun, nämlich selbst für das Üble die Verantwortung übernehmen und die anderen achten und lieben. Wer so handelt, lebt mit sich und anderen in Frieden.
Ich möchte das eben Gesagte unterstreichen, indem ich einige klassische Verse zitiere. Der erste Vers lautet:

> Ich halte alle Lebewesen
> für kostbarer denn wunscherfüllende Edelsteine –
> für eine Motivation, das höchste Ziel zu erreichen:
> möge ich also immer und zu aller Zeit für alle Sorge tragen.

Der zweite Vers ist für unser tägliches Leben auch außerordentlich hilfreich:

> Möge ich jeden, der mir je begegnet,
> für tugendhafter halten als mich selbst.

Selbst wenn einem jemand wehe tut oder großen Schaden zufügt, sollte man sich also an dessen gute Eigenschaften erinnern und sich in einer demütigen Haltung ihm gegenüber einüben.

Der wichtigste Vers ist aber der nun folgende:

> Wenn jemand, dem ich alle meine Hilfe zuteil werden ließ
> und von dem ich viel erwartete,
> mir unvorstellbar großen Schaden zufügt,
> so möge ich eine solche Person als meinen besten Lehrer erachten.

Eine solche Person ist darum mein bester Lehrer, weil ich in einer harmonischen Umgebung und mit Freunden, die mich nicht kritisieren, mir meiner schlechten Eigenschaften nicht bewußt werden kann. Nur wenn mich jemand kritisiert und meine Fehler bloßstellt, kann ich sie erkennen und berichtigen. Also ist mein Feind mein wahrer Freund, er ist der Prüfstein für meine innere Stärke, meine Toleranz und meine Achtung des anderen. Darum sollte man einen solchen Menschen nicht hassen oder ihm zürnen, sondern man sollte ihm mit Achtung und Dankbarkeit begegnen.
Ich habe hier nur einige Beispiele aus dem Mahāyāna-Buddhismus dargelegt. Das Ziel, wahre Freundschaft, Brüderlichkeit, Liebe und Achtung der Mitmenschen zu kultivieren, ist aber ein wesentlicher Charakterzug aller Religionen. Obwohl Religion uns also hilft, Frieden des Herzens und Gelassenheit zu lernen, muß man nicht unbedingt einer bestimmten Religion angehören, um dies zu erreichen. Es ist durchaus denkbar, daß jemand vermittels buddhistischer Methoden bestimmte positive Eigenschaften entwickelt, die zu jenem geistigen Frieden führen, ohne jedoch dadurch Buddhist zu werden. Denn ich glaube, daß es sich bei

diesen inneren Eigenschaften um zutiefst menschliche Qualitäten handelt. Wenn ein Mensch das hat – heilende Hinwendung, Liebe, Achtung des Mitmenschen, Aufrichtigkeit und Demut –, dann kann er wirklich Mensch genannt werden. Schlechte Eigenschaften – Ärger, Anhaften, Haß, Neid und Stolz – sind unsere gemeinsamen Feinde. Um wirklich gute Menschen zu sein, müssen wir die guten Eigenschaften kultivieren. Dann wird es auch weniger Probleme in dieser Welt geben.

Wir haben es heute in unserer Welt mit sehr komplexen Problemen zu tun. Naturkatastrophen müssen wir akzeptieren und hinnehmen. Aber die vom Menschen selbst, durch sein eigenes Fehlverhalten, durch seine schlechten Gedanken hervorgerufenen Probleme können vermieden werden. Solche Probleme entstehen auch aus ideologischen und sogar religiösen Konflikten, wenn die Menschen einander wegen Glaubensüberzeugungen und verschiedener Lebensweisen bekämpfen und dabei den Horizont menschlich-ethischer Ziele verlieren. Alle Glaubensrichtungen und Ideologien müssen als unterschiedliche Methoden verstanden werden, ein bestimmtes Ziel zu erreichen, und das ist für die meisten Menschen ein glückliches Leben. Darum sollten wir niemals die Mittel über das Ziel stellen! Der Vorrang des Menschen vor dem Materiellen und allem, was dieser Begriff einschließt, darf nie aus dem Auge verloren werden.

Während meiner Reise habe ich viel dazugelernt. Tibet war materiell vielleicht in der Hinsicht rückständig, daß wir Tibeter in der Vergangenheit nie den Komfort und Luxus kennengelernt und genossen haben, der hier als Ergebnis wissenschaftlicher Erfindungen und technologischen Fortschritts selbstverständlich ist. Aber spirituell gesehen war Tibet immer sehr reich. Abgesehen vom Buddhismus, der dieses Land prägte, fanden die alten Wissenschaften, Künste und Philosophien aus den Nachbarländern ihren Weg ins Innere Tibets, das mehr und mehr zu einem Schmelztiegel der großen asiatischen Zivilisationen wurde. Früher nahmen wir Tibets spirituelle Größe als etwas Selbstverständliches hin und ignorierten beinahe völlig unsere materielle Rückständigkeit.

Was mich während meiner Reise erstaunte, ist die Tatsache, daß viele Menschen im Westen über den materiellen Fortschritt eher beunruhigt zu sein scheinen. Immer wieder höre ich Klagen über Folgen der materiell-technologischen Entwicklung, die paradoxerweise jedoch der eigentliche Stolz der westlichen Welt ist. Für mich gibt es daran so lange nichts auszusetzen, als der Mensch an erster Stelle bleibt. Denn ich glaube fest daran, daß wir die Probleme der Menschheit in all ihren Dimensionen nur dann lösen können, wenn wir den äußeren materiellen Fortschritt mit innerer geistiger Entwicklung verbinden und in Einklang bringen können.

Meiner Meinung nach kann die Menschheit auf technischen Fortschritt nicht verzichten. Es müssen aber Wege gefunden werden, diesen Fortschritt mit einer spirituellen Entwicklung des Menschen zu verknüpfen, denn nur dann kann er der Menschheit wirklich zum Segen gereichen. Die Gespräche der letzten Tage mit Menschen aus den unterschiedlichsten Lebensbereichen haben mich davon überzeugt, wie wichtig es ist, daß der Mensch vor materiellen Erwägungen Vorrang haben muß, und daß es darauf ankommt, den wahren Sinn des menschlichen Lebens zu verwirklichen. Das Materielle sollte den Menschen dienen, nicht der Mensch dem materiellen Fortschritt. Solange wir unsere Ziele und Methoden richtig aufeinander zuordnen, wird der materielle Fortschritt der Menschheit Nutzen bringen.

Ich habe mich seit meiner Kindheit für Wissenschaft und Technik begeistert, aber mir wird immer deutlicher, daß uns materieller Reichtum nur äußeren Komfort, nicht aber inneren geistigen Frieden bescheren kann. Wie ich schon erwähnte, die guten menschlichen Qualitäten – Ehrlichkeit, Aufrichtigkeit, Gutherzigkeit – können weder mit Geld erworben noch durch Maschinen produziert, sondern nur durch den Geist selbst entwickelt werden. Wir können dies inneres Licht oder Gottes Segen oder einfach menschliche Qualität nennen; es ist die eigentliche Mitte des Menschseins.

Im Zusammenhang mit dieser Bestimmung menschlichen Seins kommt den verschiedenen Religionen eine bedeutende Rolle zu. Denn abgesehen von Unterschieden in den Vorstellungen vom Universum, dem Leben nach dem Tode und ähnlichem, stimmen alle Religionen in dem wesentlichen Ziel überein, die guten Eigenschaften des Menschen, ein gütiges Herz zumal, zu entwickeln.

Diejenigen von Ihnen, die am Buddhismus interessiert oder sogar Buddhisten geworden sind, haben diesen Schritt vollzogen, weil ihnen der Buddhismus mehr entsprach. Es wäre aber nicht gut, die eigene Religion nur deshalb zu verlassen, weil man sie ablehnt und nur aus diesem Grunde eine andere bevorzugt. Denn richtig verstanden ist Religion ein Werkzeug, um das Bewußtsein in eine wünschenswerte Richtung zu lenken und Kontrolle über die Bewußtseinsaktivitäten mit dem Ziel zu erlernen, die negativen selbstzerstörerischen Gedanken wie Ärger, Habsucht, Stolz, Neid, Haß in ihr direktes Gegenteil zu transformieren. Wenn man den zerstörerischen Charakter negativer Bewußtseinsimpulse erkannt hat, übt man sich in einer Religion, um diese negativen Kräfte zu überwinden. Im Mahāyāna-Buddhismus tut man das nicht nur um seiner selbst, sondern um aller Lebewesen willen.

Religion kennt keine nationalen oder vom Menschen gezogenen Grenzen und sollte jedem, der sie für sich als hilfreich empfindet, offenstehen. Wichtig ist, daß der spirituell Suchende die Religion auswählt, die ihm am meisten entspricht. Ich bin der Meinung, daß das Interesse für eine bestimmte Religion wie den Buddhismus nicht die Ablehnung anderer Religionen oder der eigenen Gesellschaft bedeuten muß! Gerade für diejenigen unter Ihnen, die Buddhisten geworden sind, ist es wichtig, die Verbindung zur eigenen Gesellschaft nicht abbrechen zu lassen; Sie sollten sich weiterhin als Teil Ihrer Gesellschaft betrachten und sich nicht von Ihren Mitmenschen absondern. Und das eben nicht nur um Ihrer selbst, sondern um der anderen Menschen willen! Denn wenn Sie Ihre eigene Gesellschaft ablehnen, können Sie gerade nicht transformativ in derselben wirken, was ja aber das wesentliche Anliegen von Religion ist.

In Tibet lebten auch einige tibetische Christen. Sie

folgten zwar dem christlichen Glauben, blieben aber im Wesen Tibeter. So lautet auch der Spruch eines weisen tibetischen Lehrers, daß es darauf ankomme, sein Bewußtsein und nicht das äußerliche Auftreten zu ändern. Sie sollten andere Religionen unbedingt respektieren!

Alles, was wir tun und denken, muß in heilender Hinwendung zu allen Wesen wurzeln. Mit einer egozentrischen Haltung, indem wir andere für unsere eigenen Interessen benutzen, können wir zwar zunächst Erfolg haben, aber auf längere Sicht werden wir so nicht einmal unser persönliches Glück aufbauen können, geschweige denn einen Grundstein für Hoffnung hinsichtlich des nächsten Lebens legen.

2.2 Fragen und Antworten

1. Zweck der Reise

Frage: Welchen Zweck hat Ihre gegenwärtige Reise rund um die Welt?
Antwort: Ich möchte verschiedene Menschen treffen und mit Denkern der westlichen Welt zusammenkommen.
F: Was erhoffen Sie sich als Ergebnis solcher Begegnungen?
A: Ich hoffe, daß es zu einem fruchtbaren Gedankenaustausch kommt. Wir stehen ja heute vor vielen Problemen, die hauptsächlich durch unsere innere Einstellung zu den Dingen, durch die Art, wie wir sie betrachten, hervorgerufen werden. Darum bin ich überzeugt, daß durch eine Änderung unserer geistigen Einstellung oder Betrachtungsweise vieles verbessert werden kann. Wir müssen jetzt darüber nachdenken, wie wir die jüngere Generation erziehen wollen. Unter den Bedingungen der gegenwärtigen Weltlage werden viele Menschen, obwohl sie genau wissen, was richtig oder falsch ist, durch bestimmte Situationen und Umstände zu falschen Handlungen getrieben. Zu diesem Problem hatte ich auch Gespräche mit Seiner Heiligkeit dem Papst.

2. Eindrücke

F: Eure Heiligkeit, Sie haben in den letzten Wochen verschiedene europäische Länder besucht. Sind Ihnen Gemeinsamkeiten hinsichtlich des Lebens in jenen Ländern aufgefallen?
A: Die meisten sind sich sehr ähnlich. Doch muß ich dazu bemerken, daß meine Einstellung anderen Menschen gegenüber die ist, daß ich sie zuallererst als Menschen sehe. Darum, wo auch immer ich bin, begegne ich den gleichen Menschen. Ich komme aus dem Osten, genauer aus Tibet, das lange Jahre isoliert gewesen ist; trotzdem konnte ich im tieferen Sinne keine Unterschiede entdecken. Natürlich ist das äußere Erscheinungsbild sehr verschieden, aber das ist unwesentlich.
F: Welchen Eindruck haben Eure Heiligkeit während dieser ersten Reise von den Menschen der westlichen Welt, vom gewöhnlichen Menschen?
A: Mein Eindruck ist auch von dieser Einstellung zu anderen Menschen beeinflußt. Wie ich schon sagte, betrachte ich jeden als Menschen. Ich betone nicht die Unterschiede, sondern das Gemeinsame im Menschen. Zum Beispiel sehe ich Sie hier bei unserem Zusammentreffen einfach als Menschen, nicht als außergewöhnlichen oder westlichen Menschen oder als Deutschen oder ähnliches, sondern einfach als Menschen. Mit solch einer Haltung, daß der andere ein Mensch wie ich ist, gibt es für mich keine Schranken. Und das hilft mir persönlich, problemlos jede Situation zu akzeptieren.
Natürlich darf man nicht vergessen, daß der Westen

hoch entwickelt ist und einen hohen Lebensstandard hat, dessen Bedeutung für die Lebensqualität nicht unterschätzt werden sollte. Es stellt sich nun aber die Frage, wie wir die menschlichen Werte mit dem materiellen Fortschritt verbinden oder in Einklang bringen können. Konzentrieren wir uns ganz auf das Materielle und verraten dabei die menschlichen Werte, so wäre dies nicht nur falsch, sondern auch gefährlich. Ich habe aber viele Menschen getroffen, die an einer Verbindung von materiellem Fortschritt und einer spirituellen Entwicklung des Menschen interessiert sind.

F: Welchen Eindruck haben Sie bisher von Europa?

A: Der hohe Lebensstandard, der trotz aller positiven Seiten neue Probleme verursacht, ist ein wichtiges Gesprächsthema. Ich höre Klagen über Lärm, Umweltverschmutzung, zunehmende Bevölkerungsdichte, Mangel an geistigem Frieden und ähnliches. Unser Leben ist ein Paradox und in vielfacher Hinsicht widersprüchlich. Wenn immer der Mensch von einer Sache zuviel hat, entstehen dadurch Probleme. Immer stehen wir vor Extremen, und darum müssen wir versuchen, den mittleren Weg zu finden und die Gegensätze auszubalancieren.

F: Ich möchte an die alte Kiplingsche Frage erinnern: Können Ost und West einander begegnen und verstehen? Ich meine dies nicht im politischen, sondern im spirituellen Sinn.

A: Ja, es ist möglich und sogar notwendig. Denn wir müssen uns unserer universalen Verantwortung bewußt werden. Wir sind als Menschen im Grunde alle gleich: jeder von uns möchte gut und zufrieden leben und Leiden vermeiden; jeder von uns hat dazu das gleiche Recht. Wenn wir so denken, kann die ganze Welt zu einer Familie zusammenwachsen, wo es keine unüberwindlichen Konflikte gibt. Das ist die einzige Lösung, die einzige Antwort.

3. Die menschlichen Grundprobleme

F: Was sehen Sie im Moment als das Hauptproblem des Menschen an? Was sollte uns am meisten beschäftigen? Ist es die Bindung des Westens an materielle Werte, ist es der Verlust der religiösen Dimension?
A: Wir sind als Menschen alle gleich und haben das gleiche Recht darauf, glücklich zu sein. Trotzdem leben die Menschen in einigen Teilen der Welt unter sehr guten Lebensbedingungen, während in anderen Teilen der Welt Armut, Hunger und Krankheit herrschen. Akzeptieren wir jedoch, daß alle Menschen gleich sind und die gleichen Rechte haben, so ist dies ein untragbarer Zustand.
Zweitens wird heute überall von Frieden und Gerechtigkeit gesprochen, doch wenn der Mensch mit ganz konkreten Problemen konfrontiert wird, ist er aufgrund der allgemeinen Umstände und verschiedenartiger Zwänge nicht in der Lage, diese Ideen in die Praxis umzusetzen. Wenn aber Gerechtigkeit und Vertrauen im Zusammenleben der Menschen keine Bedeutung mehr haben, wenn alles nur noch durch Geld oder Macht erreicht werden soll, dann wird dies Unglück und Leid zur Folge haben.

4. Materialismus

F: Die materialistische Philosophie betont vor allem anderen die Bedeutung des Materiellen. Wie können wir Menschen helfen, die nicht an geistige Werte glauben, diese Dimension zu erkennen?

A: Das beste ist, Sie geben selbst ein gutes Beispiel.

F: Sie sagen, daß sowohl materieller als auch geistiger Fortschritt wichtig sind und einander nicht ausschließen. Wie ist Ihrer Meinung nach eine innere Entwicklung des Menschen mit materiellem Fortschritt harmonisch zu vereinbaren, obwohl sie doch oft einander zu widersprechen scheinen?

A: Genau dies ist mein Anliegen und ein wichtiges Thema meiner jetzigen Reise. Es ist klar, daß wir ohne materiellen Fortschritt auf viele Bequemlichkeiten verzichten müßten. Wir kommen ohne ihn nicht aus. Auf der anderen Seite kann uns, wenn wir keinen inneren Frieden haben, materieller Wohlstand allein nicht wirklich zufrieden machen. Es gibt viele Anzeichen dafür, daß dem Menschen trotz aller materiellen Sicherheit etwas fehlt, also muß beides zusammengehen. Wie die Verbindung auszusehen hat, ist wiederum sehr kompliziert, und viele Faktoren werden dabei berücksichtigt werden müssen. Ich glaube ganz fest, daß mit einer liberalen Weltanschauung, mit einer weitherzigen Sicht der Dinge und einer angemessenen Planung diese Verbindung möglich sein kann, und zwar nicht nur für einige wenige Menschen oder Nationen, sondern weltweit. Aber natürlich ist das ein sehr komplizierter Prozeß.

5. Universale Verantwortung

F: Sie haben die Notwendigkeit hervorgehoben, daß sich die Menschen ihrer universalen Verantwortung bewußt werden müssen. Wie kann Ihrer Meinung nach diese universale Verantwortung verwirklicht werden, und welche Aufgabe kommt dabei der Religion, zum Beispiel dem Buddhismus, zu?
A: Ich bin davon überzeugt, daß wir uns unbedingt unserer universalen Verantwortung bewußt werden müssen. Ich glaube auch, daß es dazu verschiedene Methoden und Wege gibt. Eine Möglichkeit sehe ich darin, daß sich eine liberale Denkweise durchsetzt und die übergreifenden Zusammenhänge gesehen werden. Wir versuchen heute, viele Probleme nur kurzfristig zu lösen, wir fragen nicht nach den wirklichen Ursachen. Eine andere Möglichkeit, die ich für die wichtigste halte, ist die Hinwendung zum anderen, das Gefühl des Aufeinanderangewiesenseins, der Versuch, die Leiden anderer zu teilen. Dies sind die beiden Wege, zur Praxis universaler Verantwortung zu gelangen.
Die größte Verantwortung liegt dabei auf der jüngeren Generation. Darum sollte ein Erziehungssystem mit negativen Einflüssen soweit wie möglich ausgeschlossen werden. Sieht beispielsweise jemand zuviel Gewalt im Fernsehen oder anderen Massenmedien, so, glaube ich, hat dies einen großen Einfluß auf diese Person.
F: Aber wie kann sich der einzelne dieser universalen Verantwortung bewußt werden?
A: Wir müssen die Verantwortung des einzelnen stär-

ker hervorheben und versuchen, praktische Wege aufzuzeigen. Gerade heute wird sowohl von einzelnen als auch von Organisationen die Bedeutung dieses Anliegens betont, aber es muß noch nachdrücklicher geschehen. Der Einfluß solcher Organisationen muß weiter ausgedehnt werden. Doch das ist schwierig und braucht Zeit. Darum setze ich mehr Hoffnung auf künftige Generationen als auf unsere jetzige Generation. Die gegenwärtige Generation lebt unter äußerst komplexen Sachzwängen und in Unsicherheit und Angst. Überall wird von Frieden, Gerechtigkeit und Gleichheit gesprochen, aber die Praxis sieht ganz anders aus. Und zwar nicht, weil der einzelne Mensch schlecht ist, sondern weil das gesamte Umfeld und der ausgeübte Druck so einflußreich und stark sind. Ich glaube, daß gerade die jüngere Generation eine große Verantwortung hat, hier etwas zu ändern.

F: Welche Bedeutung hat die Religion in diesem Zusammenhang? Wäre es denkbar, ein Bewußtwerden universaler Verantwortung ohne Religion zu erreichen?

A: Ja.

F: Würden Sie sagen, daß die Religion dem Menschen zu dienen habe und nicht der Mensch der Religion?

A: Ja. Religion hilft, die richtige geistige Einstellung zu erzeugen. Das ist wichtig.

F: Auf welchen Werten sollte diese universale Verantwortung beruhen? Was ist richtig, und was ist falsch?

A: Grundlage ist, daß jeder von uns nicht leiden und ein angenehmes oder auch glückliches Leben führen möchte. Es gibt einen Spruch, der sagt, daß wir uns immer vor Augen führen müssen, daß geradeso, wie

?

falsche Frage

der eigene physische Körper nicht den leisesten Schmerz erdulden möchte, auch der andere fühlt. Sprechen wir beispielsweise über Menschenrechte, so ist zu fragen, worauf dieselben letztlich hinauslaufen, nämlich auf die Vorstellung eines Ich, das Glück, Zufriedenheit und kein Leid erlangen möchte. Und ebenso wie ich diesen Wunsch habe, hat auch mein Mitmensch diesen Wunsch. Man stelle nun folgende Überlegung an: Der einzelnen Person steht eine unbegrenzte Anzahl von anderen Menschen gegenüber. Weil ich nur ein einzelner bin, sind die anderen viel wichtiger, denn sie sind viele. Für mich ist diese Art zu denken eine demokratische Konkretisierung von Religion.

F: Eure Heiligkeit, bitte sagen Sie uns, wie man in einer Welt wie der unseren diese Menschenliebe im täglichen Leben praktizieren und bewahren kann.

A: Dies ist eine wirklich schwere Aufgabe. Aber wir haben keine andere Wahl, als den Versuch zu wagen. Dazu stehen uns viele Methoden und Wege zur Verfügung. Es ist meine Hoffnung, daß zu dieser Frage spezielle Studien und gründliche Forschungen durchgeführt werden können, und zwar nicht in Verbindung mit Religion, sondern im Zusammenhang mit der Frage nach dem Glück der Menschheit. Mit anderen Worten, wir haben es mit der Frage nach dem Überleben der Menschheit zu tun, und es würde zu weit führen, darauf jetzt im Detail einzugehen.

6. Religion

F: Eure Heiligkeit, denken Sie, daß der tibetische Buddhismus in seiner ursprünglichen Form für Menschen in Europa geeignet sein könnte?
A: Ja, denn Religion kennt keine nationalen Grenzen. Selbst unter den Tibetern haben wir Christen und Muslims, das macht keinen Unterschied. Entscheidend ist, daß der Glaube oder die Religion dem Betreffenden wirklich entspricht.
F: Glaubt der Dalai Lama, daß sich die Werte des tibetischen Buddhismus in den westlichen Ländern ausbreiten werden und dort sinnvoll sein können?
A: Vielleicht können einzelne Vorstellungen des tibetischen Buddhismus übernommen werden. Religion ist gemeinsames Gut aller Menschen und weder an von Menschen gezogene Grenzen noch an ein Urheberrecht gebunden und sollte darum jedem offenstehen, der sie als hilfreich empfindet. Jede Religion hat ihren eigenen Charakter und eigene Wertvorstellungen. Und doch haben die Religionen in den vergangenen Jahrhunderten auf je eigene Weise den sehr unterschiedlichen Menschen dieser Erde geholfen.
F: Worin besteht das Wesen der Religion?
A: In heilender Hinwendung zu allen Wesen.
F: Kann Eure Heiligkeit mehr über das Ziel von Religion sagen, wie Sie es verstehen?
A: Wesentliches Ziel einer Religion ist es, Frieden und Glück der Menschheit zu erreichen. Die Christen nennen es Liebe zu Gott und Liebe zum Nächsten. Das ist meine ganz persönliche Interpretation des Christentums. Hat man Liebe zu Gott und Liebe zum Nächsten,

ist es das Ziel dieser Liebe zu Gott, Ihm näher zu kommen. Ist man Gott nahe, hat man allen Grund, auf Sein Wort zu hören, das uns sagt und lehrt, daß wir einander lieben sollen. Das eigentlich Wichtige im Leben ist diese Liebe zum Nächsten. Auch im Buddhismus legen wir darauf vor allem anderen größten Wert.

F: Wir begannen unser Gespräch mit dem Thema »Verantwortung und Spiritualität« und sprechen nun über die Forderung, Gott und den Nächsten zu lieben. Was wir suchen, ist die Einheit von Spiritualität und Verantwortung, nämlich den Moment, da die Liebe zu Gott und zum Nächsten ein und dieselbe Erfahrung werden. Können Sie uns helfen zu erkennen, wie das möglich ist?

A: Unter den Gläubigen der Religionen hat jeder sein eigenes System, seine eigene Methode, um zum Ziel zu kommen. Ich möchte nachdrücklich betonen, daß weder alle einem einzigen Weg folgen müssen noch es einen einzigen Weg gibt. Ich bin sicher, daß wir auch ohne Glauben zum Ziel kommen können.

F: Ohne Glauben?

A: Ja.

F: Jeder Mensch hält bestimmte Glaubensinhalte für wahr, die sich von den Glaubensvorstellungen anderer Menschen unterscheiden und nicht damit übereinstimmen. Können sie alle richtig sein?

A: Man kann nicht sagen, daß es nur eine wahre Religion gebe oder daß eine Religion die beste sei. Ich zum Beispiel bin Buddhist, aber ich kann deswegen nicht behaupten, daß der Buddhismus die beste Religion sei. Obwohl für mich persönlich der Buddhismus am besten ist, kann ich daraus nicht generell auf die

Überlegenheit des Buddhismus schließen. Andere wieder ziehen das Christentum dem Buddhismus vor. Für sie ist das Christentum am besten.

F: Hat die Modernisierung in den westlichen Ländern irgendeinen Einfluß auf Ihre Religion?

A: Wir sollten Religion und technischen Fortschritt nicht als Gegensätze betrachten. Das Wesen des Buddhismus ist Güte und heilende Hinwendung. Dies ist das Wesen jeder Religion, besonders aber des Mahāyāna-Buddhismus. Güte und heilende Hinwendung sind die eigentlichen Werte und können von jedem Menschen auch ohne eine tiefere Glaubensüberzeugung praktiziert werden, denn jeder weiß Güte zu schätzen.

In unserer Kindheit wachsen wir geborgen in der Güte unserer Eltern auf, und ohne diese besondere Zuwendung könnten wir nicht existieren. Das wird auch daran deutlich, daß Kinder, die nicht in einem liebevollen Elternhaus aufgewachsen sind, wo es zu Trennungen in der Familie kam, später psychisch belastet sind. Der Mensch braucht Güte und Warmherzigkeit, und sie sind so außerordentlich kostbar, weil sie nicht mit Geld zu kaufen sind. In Europa habe ich ausgezeichnete Kaufhäuser gesehen, aber keines, wo es Güte zu kaufen gäbe! Güte muß im eigenen Herzen wachsen. Der Mensch kann heute zwar Herzen verpflanzen, aber ein liebevolles und gütiges Herz kann er nicht einpflanzen.

7. Voraussetzungen für ein gutes Herz

F: Könnten Sie vielleicht den Charakter des guten Menschen, dem wir gleichen sollen, beschreiben?
A: Er braucht vor allem Warmherzigkeit und Güte. Besitzen Sie diese Grundeigenschaften, entwickelt sich alles weitere wie Bildung und geistige Begabung in die richtige Richtung. Haben Sie aber ein böses Herz, werden Wissen und Begabung in die falsche Richtung gelenkt; anstatt anderen zu helfen, bereitet man ihnen Probleme.
F: Sie sprachen davon, wie wichtig ein gütiges Herz ist. Glauben Sie, daß allen Menschen die Potenz eines guten Herzens angeboren ist, oder wäre es vielleicht möglich, daß einige diese Potenz nicht besitzen?
A: In jedem Menschen ist das Gute angelegt. Und nicht nur im Menschen, sondern auch in Tieren oder Insekten; so reagiert zum Beispiel ein Hund oder Pferd sehr wohl auf unsere liebevolle Behandlung.
F: Ich vermute, daß alle von uns eine der Aufgaben von Religion darin sehen, das gute Herz vor Einflüssen zu schützen, die es zum Bösen verderben wollen?
A: Ja, insofern Religion richtig verstanden wird. Ein falsches Verständnis von Religion führt hingegen zum »Heiligen Krieg« oder ähnlichem, wodurch der Haß nur noch vermehrt wird. Das ist falsch.
F: Aber warum hat dann nicht jeder ein gutes Herz? Wodurch wird ein Mensch böse?
A: Es gibt verschiedene Möglichkeiten, schlechte Eigenschaften zu entwickeln. Akzeptiert man die Lehre von der Wiedergeburt, so liegen viele Ursachen in der Vergangenheit und in früheren Leben. Nimmt man

nur das jetzige Leben an, dann spielen die gegenwärtige Situation und zum großen Teil auch die Umgebung eine wesentliche Rolle. Lebt man beispielsweise mit Menschen zusammen, die selbstsüchtig und neidisch sind, so wird man sich isoliert fühlen und bald zu niemandem mehr Vertrauen haben. Zu guter Letzt verliert man die Achtung und das Mitgefühl für den anderen und kommt zu dem Schluß, daß es zur Selbstverteidigung keine Alternative gibt, und dann kennt man nur noch ichhafte Motivationen.

F: Sind manche Dinge nicht so böse, daß man sie hassen muß?

A: Ja, die eigenen schlechten Gedanken. Der wirkliche Feind ist in uns und nicht außen. Wir müssen hier zwischen äußeren und inneren Feinden unterscheiden. Äußere Feindschaften sind nicht dauerhaft. Respektiert man den Feind, so kann er sogar zum Freund werden. Nur der Feind in unserem Herzen wird immer ein Feind bleiben, mit ihm sollte man niemals Kompromisse schließen. Denn die schlechten Gedanken können niemals Freunde werden. Man muß ihnen entgegentreten und sie zu kontrollieren lernen.

8. Einheit der Religionen

F: In Ihrem Buch »Mein Leben und mein Volk« haben Sie über die Einheit der Religionen geschrieben. Wie oder mit welchen Mitteln könnte diese Einheit jemals praktisch erreicht werden?

A: Wie ich schon darstellte, hat jede Religion ihre eigene Philosophie, die Ähnlichkeiten und Unterschiede zu anderen Religionen aufweist. Dies muß im

Zusammenhang mit den Bedürfnissen des einzelnen Individuums gesehen werden. Auf dieser Erde gibt es beispielsweise viele verschiedene Nahrungsmittel und Gerichte. Wir können nicht befehlen, daß alle Menschen nur eine ganz bestimmte Speise essen dürfen. Wichtig ist doch, daß die Nahrung den Bedürfnissen des einzelnen entspricht. So haben wir ja auch keinen Streit über die verschiedenen Eßgewohnheiten der Menschen, jeder nimmt, was er braucht.

Man könnte nun Religion als Geistesnahrung bezeichnen, und auch hier haben wir verschiedene Neigungen, denen wir entsprechen müssen. Wichtig dabei ist, daß wir inneren Frieden haben. Während wir im Buddhismus die Liebe zu allen Wesen, die Liebe zum Mitmenschen, betonen, steht im Christentum die Liebe zu Gott, die Liebe zum Nächsten, im Mittelpunkt, und gerade diese Gemeinsamkeiten sind entscheidend. Wenn wir eine gewisse Enge in unserem Denken überwinden, sehe ich keine Probleme, daß die Religionen zusammenwirken können. Es ist nicht nur unmöglich, sondern auch unnötig, eine Einheitsreligion zu schaffen. So etwas wäre ein großer Verlust, denn jede Religion besitzt unersetzbare Werte und Eigenschaften, die uns für immer verlorengehen würden.

F: Gibt es nicht eine Ähnlichkeit zwischen Christentum und Buddhismus?

A: Ja, das ist wahr. Wenn wir die verschiedenen Religionen als Mittel betrachten, ein gütiges Herz, Liebe und Respekt zum Mitmenschen und wahre Bruderschaft zu fördern, so sind alle Religionen gleich, denn sie stimmen grundsätzlich in dem Ziel überein, den Menschen menschlicher zu machen. Auch die hochkomplizierten philosophischen Systeme sollen den Menschen nicht verwirren, sondern ihm helfen, besser und menschlicher zu werden. Darum ist es in diesem Zusammenhang wichtiger, das Ziel einer Religion, ihre Hauptabsicht, im Auge zu haben, als untergeordnete Dinge, die allerdings auch dazugehören, hervorzuheben. Wenn wir diesen richtigen Weg beschreiten, können alle Religionen zusammenarbeiten. In meinen Diskussionen hat mich besonders die Frage interessiert, wie die großen Weltreligionen zum Frieden der Menschheit, zum Wohlergehen der Menschheit wirken und beitragen können. In diesem zwanzigsten Jahrhundert müssen wir unsere Religionen sinnvoll einsetzen, aber was ist der beste und wirksamste Weg? Wir müssen die philosophischen Diskussionen zurückstellen, denn das gehört vornehmlich in die interne Diskussion der jeweiligen Religion. *Eine* Religion, *eine* Philosophie schaffen zu wollen ist töricht. Wir würden damit wertvolles Gut der Menschheit zerstören.

9. Geistesfrieden

F: Gibt es einen Zusammenhang zwischen Geistesfrieden und Weltfrieden?

A: Sicher. Ohne Geistesfrieden ist es unmöglich, wirklichen Weltfrieden zu erreichen. Das ist der offensichtliche Zusammenhang. Viele Probleme, die uns heute beschäftigen, wurzeln im Haß. Als Menschen haben wir gute und schlechte Eigenschaften. Ärger, Anhaften an den Dingen, Neid und Haß gehören zur schlechten Seite, sie sind unsere eigentlichen Feinde. So betrachtet, ist unser wirklicher Feind, der wahre

Unruhestifter in uns selbst. Solange diese negativen Dispositionen in uns wirksam sind, werden wir kaum geistigen Frieden erlangen.

F: Was wären die ersten Schritte, junge Menschen und auch andere Leute an Methoden heranzuführen, die zum Geistesfrieden führen können? Dies scheint doch das wesentliche Anliegen Seiner Heiligkeit zu sein?

A: Ich gehe an diese Frage weder rein vom buddhistischen noch überhaupt von einem religiösen Standpunkt aus heran. Um diesen Geistesfrieden zu erreichen, muß ein Mensch nicht unbedingt religiös sein. Viele Menschen unter den Nicht-Gläubigen opfern ihr Leben für das Wohlergehen der Mehrheit, und das ist ja Selbstlosigkeit und Achtung des anderen. Wir müssen erkennen, daß das, was wir fühlen und wünschen, genau das ist, was andere auch fühlen und wünschen. Sie fragen nach den ersten Schritten, doch diese Frage ist schwierig zu beantworten, denn es läßt sich zwar einfach darüber reden, der Weg in die Praxis ist aber äußerst beschwerlich.

10. Probleme der Jugend

F: Im Westen, in Europa, haben wir ein ernstes Generationsproblem. Das Verhältnis zwischen jungen und alten Menschen ist sehr belastet. Die Achtung vor dem Alter ist verlorengegangen. Haben Sie heutzutage ähnliche Probleme mit der tibetischen Jugend?

A: Ja, natürlich gibt es Probleme, doch im allgemeinen ist das Verhältnis zwischen Kindern und Eltern in den asiatischen Ländern gut. Es gibt eine gewisse Kluft zwischen den Generationen, aber da die Beziehungen in den Familien normalerweise harmonisch sind, achtet man einander, insbesondere achten Kinder ihre Eltern und ältere Menschen.

F: Darf ich etwas zur geistigen Unruhe unter jungen Menschen sagen? Viele meiner Freunde, einschließlich meiner selbst, empfinden diese Rastlosigkeit und spüren, daß wir auf der Suche sind. Aber das Gefährliche daran ist, daß wir nicht wissen, wie wir das, wonach wir eigentlich suchen, einzuordnen haben. So bleiben wir in Glaubensbekenntnissen stecken, in verschiedenen Ideen, die gerade im Umlauf sind, und das hält uns davon ab, darüber nachzudenken, was wir nun wirklich vermissen. Wie können die Menschen fähig werden zu verstehen, wonach sie auf der Suche sind? Ich glaube, sie wissen nicht, was es ist.

A: Es ist schwierig zu sagen, welchem Weg sie im einzelnen folgen sollten, da er für jeden Menschen anders aussieht. Ganz allgemein gesehen – und ich spreche als Buddhist natürlich aus buddhistischer Sicht – liegt die Hauptaufgabe in der Verwirklichung unseres Menschseins. Als Mensch bin ich nicht einfach Teil der Materie, sondern mehr. Wir haben die Fähigkeit zu Emotionen, und obgleich diese leider die Wurzel aller schlechten Gedanken sind, steht der Mensch über der Materie. Auf dieser Basis nun kommen wir zur Achtung der Rechte anderer und zur Erkenntnis, daß sie dieselben Gefühle haben wie wir. Darum müssen wir uns dessen bewußt werden und die Rechte der anderen auch wirklich achten. Mit anderen Worten, es ist wichtig, Gott zu lieben, aber ich halte die Liebe zum Nächsten für noch wichtiger. In diesem Punkt stimmen alle Religionen überein: Liebe zum Mitmenschen und Achtung des Nächsten. Der Opfertod Christi für die Menschheit ist ein gutes Beispiel. Wenn Sie diese Einstellung zum Mitmenschen haben, werden Sie selbst glücklich sein, und auch Ihre Freunde und Nachbarn werden sich wohler fühlen. Außerdem gehört dazu, Geduld zu lernen und nicht ungeduldig zu sein, aber das läßt sich nicht im Handumdrehen lernen. Ich weiß nicht, ob Ihnen diese Antwort genügt, aber so sehe ich die Dinge.

F: Ich bin auf einer meiner Reisen bis an die Grenzen Ihres Landes gekommen und habe dort dieselben Probleme mit Institutionen vorgefunden, die wir hier und überall haben. Glauben Sie, daß in gewisser Hinsicht Institutionen die größten Hindernisse für die Weitergabe und Verbreitung des Glückes, von dem Sie sprechen, darstellen können? Ich denke, keiner im Westen würde leugnen, daß dies wirklich ein Problem ist. Sehen Sie das auch so, und meinen Sie, man müßte dagegen ankämpfen? Machtstrukturen und Institutionen um der Institutionen willen? Junge Menschen zumindest empfinden dies als sehr problematisch, nur setzen sie sich damit nicht in der richtigen Weise auseinander. Sie treten der Macht entgegen, statt nach den Ursachen dafür zu forschen. Die Jugend ist sehr oft antiautoritär und möchte keine Ratschläge. Ratschläge wecken eher den Widerspruch junger Menschen, und ich würde gern wissen, wie Sie über dieses Problem von Autorität und Macht denken?

A: Zuerst haben wir zu berücksichtigen, ob die Autorität gerechtfertigt ist oder nicht. Wenn ja, ist es richtig und hilfreich, sie anzuerkennen. Ist sie aber ungerechtfertigt und unvernünftig, so hat man meiner Meinung nach das Recht, ihr zu widerstehen. Dies ist die direkte Antwort auf Ihre Frage. Natürlich müssen im konkreten Fall viele andere Faktoren berücksichtigt werden. Meinen Sie dies aber im Hinblick auf das soziale Zusammenleben und traditionelle Verhaltensmuster, dann stimme ich hundertprozentig mit Ihnen überein. Ich lehne Förmlichkeiten im sozialen Umgang ab. Wir machen uns selbst zu Gefangenen, indem wir vorgeben, etwas Besonderes zu sein, und versuchen, unsere wirklichen Gefühle und Gedanken voreinander zu verbergen, so daß wir anders scheinen, als wir wirklich sind. Diese vom Menschen geschaffenen traditionellen Verhaltensmuster und Einrichtungen zu ändern, haben wir ein Recht. Eine bestimmte Ordnung soll dem Menschen helfen, ein Gefühl für Disziplin und Verantwortlichkeit zu entwickeln. Sie soll ihn aber nicht festlegen.

F: Meine Frage betraf mehr die Methode. Verneinen Sie Gewalt, wenn die Institutionen in jeder Hinsicht intolerant und autoritär geworden sind, oder soll man hoffen und weiter versuchen, die Dinge von innen heraus zu verändern? Das klingt sehr allgemein, aber ich denke, Sie verstehen, was ich meine.

A: Ja, ich erwähnte das gerade. Es ist problematisch zu verallgemeinern, aber grundsätzlich glaube ich ganz fest an Gewaltlosigkeit.

Gewalt ist eine Methode, nicht Zweck oder Ziel, und ihre Anwendung hängt von der Motivation und dem vorhersehbaren Ergebnis ab. Ist die Motivation gut und nicht selbstsüchtig, gründet sie also in heilender Hinwendung für das Wohl der anderen oder einer großen Mehrheit, dann kommt das Ergebnis vielen Menschen zugute. Hier stellt sich nun die Frage nach der Methode. Unter Bedingungen, die keine andere Alternative als Gewalt zulassen, ist Gewalt vertretbar – denn die Motivation ist gut, das Resultat ist gut, und es gibt kein anderes als dieses Mittel.

F: Meine Frage ist die: Viele junge Menschen, besonders im Westen, haben Probleme, sich im Leben zurechtzufinden, da althergebrachte Autoritäten und Werte für sie nicht mehr verbindlich sind. Welchen Rat würden Sie aus Ihrer eigenen Erfahrung, die ja sehr verschieden und von intensivem spirituellem Leben geprägt ist, einem jungen Menschen geben, sei er nun Jude, Christ, tibetischer Buddhist oder Hindu, wie er zu einer besseren und glücklicheren Welt beitragen kann?

A: Mein Rat ist sehr einfach: Haben Sie ein aufrichtiges Herz. Ich glaube, dies ist die Grundvoraussetzung für alles andere im Leben. Jeder kann diesen Weg gehen, ganz unabhängig davon, welche Ideologie er vertritt. Auf echte, wahre Brüderlichkeit und ein gütiges Herz kommt es also im wesentlichen an. Damit wird man in jedem Beruf, ob als Wissenschaftler, als Ökonom oder als Politiker, für das Wohl der Mitmenschen Sorge tragen. Und ich glaube auch, daß man mit diesem Sorgen, mit diesem Verantwortungsgefühl für den Mitmenschen die Auswirkungen seiner beruflichen Tätigkeit daraufhin prüfen wird, ob sie dem anderen schaden oder ob sie ihm helfen und nützen. Das ist es, was uns heute fehlt. Viele Menschen denken nur an sich selbst und handeln aus selbstsüchtigen Motiven. Dadurch entstehen Probleme, die mit Ehrlichkeit und einem universalen Verantwortungsgefühl gelöst werden können, wie Umweltverschmutzung, die Energiekrise und das Bevölkerungsproblem. Wir müßten dann nicht um die Bewohnbarkeit der Welt bangen. Ich meine damit, daß in einigen Teilen der Welt Armut und Hunger herrschen, während die Menschen in anderen Teilen der Welt in Reichtum und Überfluß leben. Die Erde hat ausreichende Ressourcen, um dieses Problem zu lösen. Voraussetzung dafür ist jedoch ein Umdenken im Sinne von universaler Verantwortung und aufrichtiger Mitmenschlichkeit.

11. Das Drogenproblem

F: In Europa wächst das Drogenproblem unter der Jugend. Ich würde gern wissen, ob in der meditativen Praxis des Vajrayana (tibetischer tantrischer Buddhismus) Drogen benutzt wurden oder werden und ob Drogen als geeignete Mittel zur Vertiefung und Erweiterung des Bewußtseins angesehen werden können.
A: Drogen werden und wurden nicht benutzt. Obwohl ich persönlich keinerlei Erfahrung mit Drogen habe, machten mir Gespräche mit Drogenerfahrenen deutlich, daß man durch den Gebrauch von Drogen seine Unterscheidungsfähigkeit und geistige Wachheit verliert, und das ist für höhere Meditation schädlich.
F: Sind Drogen Ihrer Meinung nach nützlich oder schädlich?
A: Ich lehne Drogen generell ab. Die geistige Entwicklung muß nicht durch äußere, sondern durch innere Mittel erreicht werden.
F: Es wird behauptet, daß man durch Drogen im

Handumdrehen zur Erleuchtung gelangt. Auf welcher Ebene oder besser, in welcher Schicht der Persönlichkeit findet diese sogenannte Erleuchtung statt? Sagen Sie bitte auch etwas über die Gefahr von Drogen.
A: Da ich keine eigenen Erfahrungen mit Drogen habe, ist es schwierig, etwas dazu zu sagen. Mein Standpunkt ist der: Erleuchtung oder innere Entwicklung und Vervollkommnung muß durch geistige Praktiken, durch geistiges Training angestrebt werden und nicht durch äußere Mittel wie Drogen.

12. Zukunftsperspektiven

F: Wie sehen Sie die Zukunftsperspektiven?
A: Mir scheint, daß unsere Welt von keiner besonders glücklichen Grundstimmung geprägt ist, da die Menschen von zu vielen Zwängen beherrscht werden und zu oft gegen besseres Wissen handeln. Meine Hoffnung für die Zukunft, für eine Änderung dieser Situation liegt in der jungen Generation. Wie ich schon sagte, möchten alle Menschen glücklich leben, und um dieses Ziel zu erreichen, werden verschiedene Wege und Methoden versucht: Wissenschaft und Technologie, religiöse Praxis, alternative Staatsmodelle und verschiedene Ideologien.
F: Wie läßt sich dieses Ziel, nämlich Glück, näher umschreiben?
A: Es gibt verschiedene Formen von Glück. Innere Glückseligkeit oder Wonne zum Beispiel ist eine tiefer gehende Form von Glück, die nicht von jedem erreicht werden kann. Durch den Glauben an Gott im Christentum und im Buddhismus durch bestimmte Medita-

tionspraktiken kann diese höhere Ebene des Glücks erlangt werden. Aber ich spreche hier über das allgemeine Glück, den Frieden der Welt und das Zusammenwirken von geistigem Frieden und materiellem Fortschritt, und es interessiert mich, zu dieser Frage den Standpunkt anderer Menschen, und insbesondere der Menschen in den westlichen Ländern, kennenzulernen. Dies ist auch ein wichtiger Grund meiner Reise.

F: Finden Sie in der gegenwärtigen Situation irgendeinen Anlaß zum Optimismus?

A: Ich glaube, es geht heute um das Überleben der Menschheit. Wir tragen auf dieser Erde nicht nur für unsere eigene Generation, sondern auch für die nächste Generation Verantwortung. Es gibt viele gute Gesellschaftssysteme, wie zum Beispiel die Demokratie, und in jedem System finden wir positive Ansätze und natürlich auch Schattenseiten, die hauptsächlich durch Geld und Macht verursacht werden. Im Osten haben wir es mit Problemen wie Armut, Unterernährung und mangelnder Bildung zu tun, im materiell hochentwickelten Westen geben geistige Rastlosigkeit unter jungen Menschen und sogar Politikern Anlaß zur Sorge und dämpfen den Optimismus.

F: Welche Hoffnung sehen Sie aus buddhistischer Sicht für diese Welt? Sie sagen, daß Liebe eine Schlüsselfunktion hat, aber denken Sie, daß Präsident Reagan und der Generalsekretär Tschernenko wirklich einander lieben können?

A: Meine Überlegungen gehen über die Gegenwart und ihre Präsidenten hinaus zu den kommenden Generationen. Und da denke ich, daß sich schon im nächsten Jahrhundert Grundsätzliches ändern muß wird. Die augenblickliche Situation beruht auf einer feindlichen Grundhaltung, die zu einem ungeheuren Rüstungswettlauf führt und Millionen von Dollars verschlingt. Viele Menschen, besonders in Europa, leben in Furcht und Terror; das kann nicht so weitergehen. Hinzu kommen das Süd-Nord-Problem, der Gegensatz von Reichen und Armen, die ökologische Krise und vieles andere. Ich glaube, daß in unserer eigenen geistigen Haltung, in einer Öffnung für das Wohlergehen der anderen der Schlüssel für eine hoffnungsvolle Zukunft liegt.

F: Sie denken also, daß sich die Situation im nächsten Jahrhundert verbessern wird?

A: Das kann ich nicht vorhersagen. Für mich ist es wichtig, daß ich selbst mein Bestes dazu beitrage, und das gibt mir auch Gewißheit und Zufriedenheit. Ob es Erfolg haben wird oder nicht, bleibt abzuwarten.

F: Wird das auslösende Moment für eine solche Änderung von der Religion oder der Politik zu erwarten sein?

A: Von beiden und von den Wissenschaftlern und Denkern. Gerade einige Wissenschaftler engagieren sich außerordentlich stark für das harmonische Miteinander der Nationen.

13. Nuklearer Krieg

F: Viele Menschen im Westen fürchten einen nuklearen Krieg. Was kann man dagegen tun?

A: Zunächst muß man sehen, daß sich jeder einzelne darum zu bemühen hat, die Gefahr eines nuklearen Krieges zu stoppen oder zumindest zu verringern.

Und da müssen wir bei uns selbst beginnen, indem wir lernen, unseren Ärger und Haß zu kontrollieren. Haben wir es gelernt, friedvoll zu sein, können wir in unserer Gesellschaft beispielhaft wirken und auf diese Weise einen überzeugenden Beitrag zum Weltfrieden leisten. Reagieren wir jedoch bei jeder Gelegenheit ärgerlich und ungehalten und besingen andererseits den Weltfrieden, so ist das bedeutungslos. Zuerst muß also unser eigenes Ich Frieden lernen, und das können wir üben. Erst dann können wir den Rest der Welt Frieden lehren.

Zum anderen müssen aber auch die Forscher und Wissenschaftler, die die Gefahren und die Vernichtungsgewalt der nuklearen Waffen kennen, ihre Stimme dagegen erheben und die Menschen über die schrecklichen Möglichkeiten dieser Waffen aufklären. Von den religiösen Institutionen müßte darüber gesprochen werden, wie wichtig es ist, menschliches Leben zu bewahren.

F: Gibt es noch irgendwelche andere Möglichkeiten, einen nuklearen Krieg zu verhindern?

A: Wir müssen einander als Menschen und nicht als Feinde begegnen. Ein Weg könnte sein, daß die führenden Politiker der nuklearen Mächte miteinander ins Gespräch kommen. Denn Krieg und Haß wurzeln im Mißverstehen und Mißtrauen zwischen den Menschen. Eine direkte Begegnung der Politiker könnte bewirken, daß sie sich menschlich näherkommen und daraus eine Chance für gegenseitiges Verständnis und heilende Hinwendung wächst. Selbst wenn diese Gespräche anfangs nicht so freundlich verlaufen sollten, würden sie Möglichkeiten gegenseitiger Verständigung in sich bergen. Und in der Zwischenzeit könnten andere Wege gefunden werden. So hoffe ich jedenfalls.

14. Soziales Engagement

F: Viele sehen einen Widerspruch zwischen spirituellem Leben und sozialem und politischem Engagement. Wie können wir beides miteinander verbinden?
A: Was wir auch immer konkret unter spirituellem Leben verstehen, so ist damit immer unser Gefühl, unsere Einstellung zum Mitmenschen verbunden. Beides läßt sich nicht trennen. Eine richtige Einstellung zum anderen erreichen wir auf der Grundlage von Güte, Liebe und Achtung und aus der Erkenntnis der Einheit aller Menschen. Mit einer reinen und aufrichtigen Motivation wird jede Arbeit, sei es als Landwirt, Ingenieur, Arzt, Jurist oder Lehrer, ein wirkliches Instrument zum Wohle der menschlichen Gemeinschaft.
F: Was, glauben Sie, ist das Wichtigste, das der Westen von einer so reichen Kultur wie der tibetischen und den Lehren des Ostens zu lernen hat?
A: Die Zubereitung von Tsampa (tibetisches Gericht aus geröstetem Gerstenmehl und Buttertee)! Und von tibetischem Tee! In unserem Land ist Tsampa die wichtigste Speise, und diejenigen, die das Tsampamehl herstellen, sind von Kopf bis Fuß mit diesem Puder bestäubt und sehen ganz weiß aus.
Doch ernsthaft: Der Reichtum der tibetischen Kultur wurzelt in den Lehren des Buddha. Im Zentrum dieser Lehren steht die Erkenntnis, daß alle Menschen gleich sind. Das zu wissen und zu verstehen, hat für jeden

eine Bedeutung, ob er nun Buddhist ist oder nicht. Außerdem muß man die Fähigkeit dieser Kultur sehen, in allen Lagen des Lebens liebevolle Geduld und Toleranz zu ermöglichen, die nicht von Pessimismus, sondern von Mut gekennzeichnet ist. Diese Verbindung von Toleranz, Geduld und Mut ist nicht ein Zeichen der Schwäche, sondern der Stärke. Je mehr Sie in Ihrem täglichen Leben Geduld und eine auf Weisheit und Mut beruhende Toleranz lernen, werden Sie die Erfahrung machen, daß darin die wahre Quelle für den Erfolg liegt. Zu große Ungeduld hingegen ist wirkliche Schwäche.

Alle Religionen bergen das Wesentliche in ihren Lehren und Philosophien, aber für mich sind die Praktiken des Buddhismus von besonderer Tiefsinnigkeit und Detailliertheit, so daß ich denke, sie könnten im Westen und vielleicht sogar im Christentum von Nutzen sein. Sie können buddhistische Techniken lernen und dabei Christen bleiben.

F: Was kann der einzelne Mensch dazu beitragen, das Leiden in der Welt zu beenden?

A: Wir alle müssen ein bewußtes und kontrolliertes Leben führen und soviel heilende Hinwendung üben, wie wir können. Dann werden wir nichts zu bedauern haben, was auch immer geschieht.

Von anfangslosen Zeiten bis heute hat sich der Mensch durch Selbstsucht in große Schwierigkeiten gebracht. Das müssen wir ändern und lernen, die Mitmenschen für wichtiger zu erachten als uns selbst. Lebewesen wie Tiere können das nicht begreifen, wir als Menschen jedoch haben in unserem Leben die Möglichkeit, mit unserer Intelligenz einzusehen, daß wir uns um die anderen kümmern müssen und nicht uns selbst in den Mittelpunkt rücken sollen. Doch das darf keine theoretische Einsicht bleiben, es muß praktiziert werden. Wir sollten denken: Wenn ich es jetzt nicht tue, wann dann?

2.3 Güte – eine einfache Religion für die Menschheit

1. Suche nach menschlicher Güte

Meine Grundüberzeugung ist sehr einfach. Alle Lebewesen und insbesondere die Menschen – ganz unabhängig davon, ob sie reich oder arm, gebildet oder ungebildet, aus dem Osten oder dem Westen, gläubig oder nicht gläubig sind – möchten glücklich sein und nicht leiden müssen. Das ist die Natur aller Lebewesen.

Ich glaube, daß Glück und Zufriedenheit aus einem gütigen Herzen und nicht aus Ärger oder Haß kommen. Niemand würde sagen: »Wie glücklich bin ich heute, denn am Morgen war ich wütend«, sondern er wird betrübt sein und denken: »Warum nur mußte ich heute früh die Beherrschung verlieren, ich bin darüber ganz unzufrieden.«

Ob in unseren persönlichen Beziehungen oder auf nationaler und internationaler Ebene, immer werden wir nur durch gegenseitiges Verständnis, durch Achtung des anderen und durch Güte wahre Zufriedenheit, Glück und Frieden verwirklichen, während Haß und Neid das Gegenteil bewirken. Darum ist es für die menschliche Gesellschaft so überaus wichtig, daß wir Güte praktisch ausüben, und dazu brauchen wir weder komplizierte Philosophien noch Klöster und Tempel oder Gottesvorstellungen. Wir müssen ganz einfach versuchen, gut zu sein, und das bedeutet: warmherzig zu sein. An den anderen denken – selbstloser und um den Mitmenschen besorgter sein, denn vollkommene Selbstlosigkeit ist unmöglich –, darin besteht der wirkliche *Dharma* oder die eigentliche Religion.

Mit einem gütigen Herzen fühlen wir in jedem Moment unseres Lebens tiefe Zufriedenheit, die auch auf unsere Umgebung und selbst auf unsere Feinde ausstrahlt. Ärger und Haß dagegen rauben uns den inneren Frieden, und in dem Moment, da wir uns im Ärger vergessen, verlieren wir die zutiefst menschliche Eigenschaft des Urteilsvermögens, das uns sagt, was richtig und was falsch ist. Im Ärger kann man die Situation nicht mehr nüchtern beurteilen, und daraus könnte unser Gegner Vorteile ziehen. Auf der anderen Seite könnte es aber erforderlich sein, daß wir jemandem, der unvernünftig handelt, energisch und hart entgegentreten müssen, um ihn davon abzubringen. Aber auch das geht ohne Ärger, ohne daß wir unsere Gelassenheit und Geduld verlieren müssen. Wir sollten anstehende Probleme in ruhiger Geistesverfassung in Angriff nehmen und immer fähig bleiben, die Situation zu überschauen.

Ich glaube, daß Güte das Kostbarste überhaupt ist und daß alle Religionen dieselbe Botschaft haben und letztlich nach einem besseren und gütigeren Menschen streben. Meiner Meinung nach brauchen wir besonders in unserer von Angst und Furcht zerrissenen Zeit Menschen mit gütigem Herzen. Hier in Gangtok (Sikkim) mögen Sie diese Unsicherheit und Angst vielleicht nicht nachvollziehen können, aber schon in Kalkutta, Bombay oder Madras leben die Menschen in geistiger Unruhe und mit vielen Problemen. Geht man weiter nach Europa oder Amerika, so sind die Probleme trotz großartigen materiellen Fortschritts nicht beseitigt, sondern sehen nur anders aus. Alle diese Probleme – wie das Ost-West-Problem in politischer und das Nord-Süd-Problem in ökonomischer Hinsicht – hat der Mensch selbst verursacht. Einem Erdbeben oder Erdrutsch stehen wir machtlos gegenüber. Aber Probleme, die sich aus Ideologien und Gesellschaftsordnungen ergeben, hat der Mensch selbst zu verantworten. Darum kann er diesen Problemen entgegenwirken und sie verringern, wenn nicht sogar ganz beseitigen.

Auch in der internationalen Politik spielt menschliche Güte eine wesentliche Rolle. Um diese Güte zu entwickeln, brauchen wir eine umfassende Erkenntnis der Einheit allen Seins. Differenzierungen oder Abgrenzungen bringen nur ständig neue Probleme hervor, seien sie religiöser oder politischer Natur. Ich bin Tibeter, und als ich Amerika oder die Sowjetunion besuchte, schienen sich zunächst große Unterschiede aufzutun. Doch beim genaueren Hinsehen zeigte sich, daß die Menschen in den USA wie überall in der Welt nicht leiden wollen, sondern zufrieden und glücklich leben möchten. Alle Menschen, ob sie nun in der Sowjetunion, in diesem Lande (Indien), in Tibet oder in China leben, gehören derselben Menschheitsfamilie an.

Ich habe die Erfahrung gemacht, daß eine unvoreingenommene Einstellung hilft, unmittelbare Kontakte von Mensch zu Mensch zu knüpfen. Auch wir hier, Menschen aus Tibet, aus den Tälern und Hochebenen, und der Dalai Lama, sind im Grunde gleich. Selbst unsere Gesichter gleichen sich: sie haben einen Mund und zwei Augen, keine Besonderheiten. Mein Mund ist so, doch niemand hat solch einen Mund! *(Gesten und Lachen.)* Obwohl mir viele von Ihnen heute zum ersten Mal begegnen, gibt es nichts Trennendes zwischen uns; und das hilft uns, einander zu achten.

Uneinigkeit entsteht, wenn wir unser eigenes Ich von den anderen abheben wollen. Dann stellt sich die Frage, ob mein Vorteil dem der Mehrheit übergeordnet werden darf. Niemand kann heutzutage, wo demokratische Ideen für das Mehrheitsprinzip stehen, behaupten, daß der Nutzen eines einzelnen wichtiger sei als der der Mehrheit. Da die anderen in der Mehrzahl sind, sollte ihr Vorteil zuerst bedacht werden. Unsere eigenen Interessen sollten an zweiter Stelle stehen, denn nur auf dieser Basis können wahre Güte, heilende Hinwendung und echte Liebe wachsen. Diese Art von Liebe und Güte beruht nicht auf dem Gefühl, daß dies *meine* Frau, *meine* Kinder, *meine* Familie und *meine* Eltern sind, sondern auf der Erkenntnis, daß dieser Mensch als Teil alles Seienden ebenso wie ich selbst glücklich sein möchte und auch ein Recht darauf hat. Damit beruht Güte auf vernünftigen und einsehbaren Gründen.

Gewöhnlich sind Güte und Liebe mit einem Anhaften an Vertrautem verbunden, das wiederum die Folge von Unwissenheit ist. Diese Liebe ist weder vernünftig noch richtig. Wahre Güte und Liebe müssen auf Logik und klarer Erkenntnis beruhen. So glaube ich, daß das Praktizieren von Güte eine universale Religion ist, sowohl für Gläubige als auch für Nichtgläubige und

sogar für einen antireligiösen Menschen wie den Vorsitzenden Mao Zedong. Theoretisch war er ein Gegner von Religion, aber es beschäftigt mich immer wieder, daß er in seiner Tätigkeit und in seinen Ratschlägen an das Wohl der arbeitenden Menschen, das bedeutet der Mehrheit der bedürftigen Menschen, dachte und immer wieder betont hat, daß es sinnvoll sei, sein eigenes Leben dafür zu opfern. Das ist die wesentliche Frage von Religion und *Dharma*.
Unglücklicherweise stimmt das, was wir sagen, oft nicht mit dem überein, was wir tun. Das ist die eigentliche Kernfrage, und darum spreche ich auch darüber.

2. Harmonie der Religionen

Alle Religionen der Welt haben dasselbe Anliegen und müssen darum harmonisch zusammenwirken. Ich sehe, daß Sie hier in Sikkim in der glücklichen Lage sind, gute Beziehungen und Harmonie zwischen den verschiedenen Glaubensrichtungen zu pflegen. Darüber freue ich mich und hoffe, daß dies fortgesetzt wird. Mit einer Sektenmentalität werden wir nicht weiterkommen. Ich beispielsweise bin buddhistischer Mönch, trotzdem glaube ich, daß alle Religionen trotz erheblicher Unterschiede auf philosophischem Gebiet dasselbe Potential haben, der Menschheit zu helfen.
In einem Gespräch mit dem Gouverneur von Sikkim sprachen wir darüber, daß Buddhisten nicht an einen Schöpfergott glauben und daß auch unter den Hindus eine bestimmte Schule der Sāṁkhya-Philosophie sowie die Jains die Idee eines Schöpfergottes ablehnen. In vielen anderen Religionen bildet jedoch gerade die

Theorie von Gott dem Schöpfer die zentrale Grundlage. In dieser Hinsicht unterscheiden sich die Religionen ganz wesentlich voneinander. Versuchen wir aber, nach dem Sinn der Nicht-Gott-Lehre zu fragen, so denke ich, daß sie mit der Lehre vom Schöpfergott darin übereinstimmt, einen besseren Menschen zu formen.

Ein gutes Beispiel ist Mutter Teresa, ein wahre Mutter und Gottesgläubige. Sie hat ihr ganzes Leben der Not der Armen geweiht. Sie ist einfach ungewöhnlich, und das ist das Ergebnis ihrer christlichen Praxis. Im buddhistischen Kontext wäre ihre Arbeit die Praxis eines Bodhisattva. Ich würde mich nicht mit ihr vergleichen können, denn ich weiß nicht, ob ich das, was sie tut, tun könnte oder nicht. Die philosophischen Diskussionen über Lehrunterschiede spielen hier keine Rolle. Wir müssen genauer hinsehen, bis wir zum Wesentlichen vordringen, und dann wird es uns auch möglich sein, Mutter Teresas Religion zu schätzen und zu achten.

3.
Über Tibetischen Buddhismus

3.1 Traditionslinien im Tibetischen Buddhismus

Seit alters haben zwischen Tibet und Indien sehr enge kulturelle und religiöse Beziehungen bestanden; in der Literatur, Kunst und Bildung hat es regen Austausch gegeben. Indien hat Gedanken und Denksysteme von großer Tragweite hervorgebracht, die in Tibet auf fruchtbaren und schon aufbereiteten Boden gefallen sind und kulturelle und soziale Umwälzungen von revolutionärem Ausmaß in unserer Heimat ausgelöst haben. Indien galt in Tibet nicht nur als Ursprungsland bedeutender philosophischer Systeme und Denkformen, sondern auch als Quelle spiritueller Inspiration und Stimulation.

Der Buddhismus ist die wichtigste Ursache für den Gestaltwandel in der tibetischen Geschichte. Das Licht der Weisheit, das in der edlen Lehre des Buddhismus verkörpert ist, wurde in Tibet, nachdem es bereits den größten Teil Indiens erfaßt hatte, die eine große kulturelle Kraft mit unübertroffener Ausstrahlung. Historisch gesehen, gründet die gesamte Kultur Tibets im buddhistischen *Dharma*. Generationen tibetischer Gelehrter haben eine äußerst tiefsinnige Kultur gelehrt und geformt, die ganz und gar mit den ursprünglichen Prinzipien und der Philosophie des *Dharma* in Einklang steht. Ihre hingebungsvolle Arbeit hat außerordentliche kulturelle und literarische Entwicklungen ermöglicht, die, verglichen mit entsprechenden Leistungen anderer Völker, gewiß einzigartig sind. Indische Meister haben Tibet diese zeitlose Weisheit geschenkt und die Augen der Tibeter für ganz neue geistige Horizonte geöffnet. Dieser Austausch hat die tibetische Geisteshaltung geprägt und die Erforschung der geistigen Strukturen und Bewußtseinsphänomene vermittels logischer Analyse in Gang gebracht. Aufgrund dieser geistigen Bereicherung haben die Tibeter immer mit besonders intensiver Verehrung nach Indien als ihrem geistigen Meister geblickt.

Vor der Ausbreitung des Buddhismus war die heimische Bon-Religion der beherrschende Glaube in Tibet. Die dokumentierte Geschichte zeigt, daß die erste Begegnung Tibets mit dem Buddhismus zur Zeit der Regentschaft von Lhatho-thori, des 25. tibetischen Königs, stattfand, als der indische Pandit Buddharakṣita Tibet bereiste. Dieser König wurde später als eine menschliche Manifestation des Bodhisattvas Samantabhadra anerkannt. Der Einfluß des Buddhismus verstärkte sich im 7. Jahrhundert n. Chr., als Thonmi Sambhota, ein brillanter und geistvoller Minister am Hofe, von König Songtsen Gampo nach Indien entsandt wurde, um dort zu studieren.

Nach mehrjährigem Studium verschiedener Wissensgebiete bei indischen Gelehrten kehrte Thonmi Sambhota nach Tibet zurück. Er erfand nicht nur das tibetische Alphabet (das auf die indische Gupta-Schreibweise zurückgeht), das erste seiner Art in Tibet, sondern übersetzte auch das Karandavyuhasutra und andere Texte ins Tibetische. Es heißt, er habe in Zusammenarbeit mit indischen Gelehrten einundzwanzig Sutras aus dem Sanskrit ins Tibetische übertragen, die ersten buddhistischen Sutras überhaupt, die ins Tibetische übersetzt wurden. Auf dieser Grundlage entwickelte sich eine breite Literatur. Viele indische und tibetische Gelehrte und Übersetzer übertrugen jetzt Sutras und Tantras, die aus Indien und Nepal stammten, ins Tibetische. Der Kangyur, der aus über einhundert umfangreichen Bänden besteht, sowie der mehr als zweihundert Bände umfassende Tengyur wurden während dieser Periode vollständig übersetzt.

Die einzigartigen Lehren des Buddha sind in den Systemen überliefert, die unter den Namen Hīnayāna und Mahāyāna bekannt sind, wobei das Große Fahrzeug (Mahāyāna) das Lehrsystem enthält, das man Tantrayāna nennt. Die Hīnayāna-Lehre wurde durch die Überlieferungslinie von Sieben Hierarchen weitergegeben, und sie konnte sich ungebrochen und kontinuierlich entwickeln. Die Mahāyāna-Lehre hingegen war drei Verfolgungen unter häretischen und religionsfeindlichen Kräften ausgesetzt und wurde dadurch geschwächt.

Guru Padmasaṁbhava, ein berühmter indischer Tantriker, bereiste Tibet im 8. Jahrhundert n. Chr. Er verkündete die Lehre des Vajrayāna, das Diamantene Fahrzeug, zunächst fünfundzwanzig Schülern, unter ihnen auch König Trisong Detsen, und gründete die Nyigmapa-Schule des tibetischen Buddhismus. Im 11. Jahrhundert kam Dipaṁkara Srijñāna (bekannter unter dem Namen Atīśa), ein hervorragender Gelehrter der indischen Universität von Vikramasila, nach Tibet und lehrte alle Sutras und Tantras. Seine Schü-

ler wie Dromton und andere gründeten die Kadampa-Schule des tibetischen Buddhismus.
Gegen Ende des 11. Jahrhunderts n. Chr. reiste der bedeutende tibetische Übersetzer Marpa dreimal nach Indien, wo er unter anderem bei dem hervorragenden Nāropa studierte. Nach Tibet zurückgekehrt, übersetzte und verbreitete er die Lehren jener berühmten indischen Meister. Später wurde die Lehre, die er vor allem seinem berühmtesten Schüler Jetsün Milarepa anvertraute, unter dem Namen Kagyüpa-Schule bekannt.
Im 12. Jahrhundert n. Chr. gab Drogmi der Übersetzer seine Lehre an Konchok Gyelpo weiter. Man nennt sie »Weg und Erleuchtung« *(lam-'bras)*. Diese Lehre wurde bei den Sakya-Lamas gepflegt, und ihre Überlieferungslinie heißt Sakyapa.
Im 14. Jahrhundert n. Chr. lehrte der berühmte Meister Je Tsongkapa (1357–1419), der den Ruf genießt, die innere Bedeutung sämtlicher Sutras und Tantras gründlich studiert und erkannt zu haben. Seine Nachfolger, wie etwa Gyeltsab Je und Khedrub Je, begründeten eine Überlieferungslinie, die man Ganden-pa oder Gelukpa nennt.
Außer diesen Hauptströmungen gibt es eine große Anzahl von Untergruppen, die von gelehrten Männern Tibets begründet worden sind.
Zugegeben: Es gibt einige Unterschiede zwischen Hīnayāna und Mahāyāna in der Art und Weise, wie sie die Lehre darstellen. Aber das letztliche Ziel beider Schulen ist identisch: beide wollen den lebenden Wesen beistehen, die höchste Form der Buddhaschaft zu erlangen.

Das gesamte System des Vajrayāna wird in zwei verschiedene Gruppen, eine innere und eine äußere, eingeteilt, zwischen denen ein erheblicher Unterschied besteht. Die Tibeter praktizieren sowohl die Sutras als auch die Tantras, und sie sind der Überzeugung, daß diese Lehren fest in der ursprünglichen Lehre des Buddha begründet sind. Für weiterführende Erläuterungen konsultieren wir Kommentarwerke jener indischen Meister, die ich bereits erwähnte. Die Kommentare Nāgārjunas, Āryadevas, Buddhapālitas, Candrakīrtis und Santidevas werden besonders hoch geschätzt und häufig zitiert. Die Lehren und Kommentare dieser indischen Gelehrten gelten als alleinige Quelle, um Zweifel hinsichtlich der Heiligen Lehre zu klären.

Schließlich möchte ich noch hinzufügen, daß die Weisen und Gelehrten Indiens und Tibets uns eine Weisheit und Erfahrung überliefert haben, die sie durch lange Jahre fleißigen Studiums, unablässiger Praxis und Meditation sowie genauer Reflexion erworben hatten. Ihre Anstrengungen haben dazu beigetragen, eine Brücke zu bauen, die die Völker unserer beiden Länder verbunden hat wie Kinder derselben Familie. Diese einzigartige Beziehung zwischen uns wird für immer bestehenbleiben als vollkommenes Beispiel für zwischenstaatliche Bruderschaft und internationales Verständnis.

3.2 Glück, Karma und Bewußtsein

Millionen von Jahren liegen zwischen dem Ursprung dieser Welt und dem ersten Erscheinen von Lebewesen auf diesem Planeten. Danach verging wiederum eine lange Zeit, bis Lebewesen bewußt wurden und zur Entwicklung und Vollendung ihrer intellektuellen Fähigkeiten gelangten. Und von dem Zeitpunkt der geistigen Reife des Menschen bis zur Gegenwart sind erneut Tausende von Jahren verflossen. Während dieses ganzen Prozesses ist die Welt ständiger Veränderung unterzogen gewesen. Auch jetzt befindet sich alles im Wandel, selbst Ereignisse und Zustände, die nicht lange zurückliegen und recht stabil schienen, haben sich schon wieder verändert. So kann man fragen, was denn eigentlich konstant bleibt, wo jede materielle und geistige Erscheinung beständig der Veränderung unterliegt. Alle Erscheinungen entstehen, entwickeln sich weiter und gehen schließlich zugrunde, und das für immer. Im Strudel dieser Veränderungen bleibt allein die Wahrheit konstant und unveränderlich, das heißt die Wahrheit, daß Gerechtigkeit *(dharma)* gute Resultate, schlechtes Handeln aber üble Früchte hervorbringt. Eine gute Ursache bringt gute Früchte hervor, eine schlechte Ursache hat schlechte Wirkungen zur Folge. Alles Gute oder Schlechte, alle angenehmen oder unangenehmen Wirkungen haben notwendigerweise eine Ursache. Dieses Prinzip allein ist beständig, unwandelbar und konstant. Das war so, bevor der Mensch auf der Weltenbühne auftrat, auch während seiner frühen geschichtlichen Existenz bis heute, und das wird allezeit so bleiben.

Jeder von uns wünscht, Glück zu erlangen, Leiden und alles Unangenehme aber zu vermeiden. Angenehmes und Schmerz sind verursacht, wie wir alle wissen. Ob gewisse Wirkungen auf einer einzigen oder einer Gruppe von Ursachen beruhen, hängt an der Art und Weise der Wirkungen. In einigen Fällen können Wirkungen eintreten, selbst wenn die Ursachen quantitativ und qualitativ nicht erheblich sind. Was auch immer für Eigenschaften die Wirkungen haben, ob sie gut oder schlecht sind, ihre Größe und Intensität entspricht direkt der Quantität und Qualität der Ursachen. Deshalb müssen eine Anzahl von ursächlichen Faktoren ausgeschaltet werden, wenn man erfolgreich unerwünschten Schmerz vermeiden und gewünschte Wirkungen herbeiführen will.

Analysiert man die Natur und den Zustand des Glücks, wird deutlich, daß man zwei Aspekte unterscheiden muß. Der eine ist die unmittelbare und zeitlich bedingte Freude. Der andere ist die tiefere und zeitlich unbedingte Seligkeit. Zeitliches Vergnügen bereiten jene angenehmen Dinge, nach denen die Menschen so stark verlangen, nämlich schöne Wohnungen, hübsche Möbel, wohlschmeckende Speisen, gute Freunde, vergnügliche Unterhaltung und so weiter. Mit anderen Worten, zeitliches Vergnügen ist das, was der Mensch in diesem Leben genießt.

Die Frage, ob die Freude daran allein von äußeren Faktoren abhängt, bedarf der logischen und analytisch klaren Untersuchung. Wären allein äußere Faktoren verantwortlich für das Entstehen und die Befriedigung solcher Bedürfnisse, wäre ein Mensch glücklich, wenn er all dies hätte, und unglücklich, wenn ihm dies alles nicht zur Verfügung stünde. Das ist aber nicht so. Denn selbst ohne diese äußeren Umstände, die das Vergnügen ausmachen, kann er durchaus glücklich und im Frieden mit sich selbst sein. Dies beweist, daß äußere Faktoren allein nicht das Glück des Menschen bewirken. Wäre es wahr, daß äußere Faktoren allein für Wohlbefinden und Glück des Menschen verantwortlich sind, müßte ein Mensch, der im Überfluß lebt und über alle Annehmlichkeiten des Lebens verfügt, unbegrenzte Freude empfinden. Aber das ist nicht der Fall. Gewiß, äußere Umstände tragen teilweise zum Wohlbefinden des Menschen bei. Daraus kann man aber nicht schließen, daß nur diese Faktoren allein genügen, um des Menschen Glück im Leben zu garantieren. Es ist keineswegs sicher, daß diese äußeren Faktoren Glück bewirken. Im Gegenteil, die Erfahrung innerer Stärke und Glückseligkeit, auch wenn jene äußeren Faktoren fehlen, und die oft zu beobachtende Traurigkeit gerade von Menschen, die alle äußeren Annehmlichkeiten haben, beweist, daß Glück von anderen Ursachen abhängen muß.

Wäre man von dem Argument in die Irre geführt, daß die oben erwähnten äußeren bedingenden Faktoren als alleinige Ursache des Glücks zu gelten hätten, und zwar unter Ausschluß anderer Umstände, so würde dies bedeuten, daß das aus diesen Ursachen folgende Glück ausschließlich an äußere Ursachen gebunden ist und folglich seine An- oder Abwesenheit allein durch sie bestimmt würde. Die Tatsache, daß dem offensichtlich nicht so ist, kann als hinreichender Beweis gelten, daß äußere ursächliche Faktoren nicht notwendigerweise oder vollständig für die Wirkung, nämlich das Phänomen »Glück«, verantwortlich sind.

Was ist nun aber diese andere, innere Kette von Ursachen? Wie können sie verstanden werden? Als Buddhisten glauben wir an das Gesetz des *karman*, das Naturgesetz von Ursache und Wirkung: Alle äußeren ursächlichen Bedingungen, die ein Mensch in der Abfolge mehrerer Leben antrifft, sind das Resultat der Anhäufung von *karman*, das heißt der Frucht des Handelns des Individuums in der Vergangenheit. Wenn die karmische Kraft der vergangenen Handlungsweisen herangereift ist, erfährt ein Mensch entsprechend angenehme oder unangenehme Bewußtseinszustände. Diese sind nichts als die natürliche Konsequenz seiner vorhergehenden Handlungen. Vor allem muß man verstehen, daß die äußeren Umstände, in denen man lebt, günstig sein werden, wenn die geeigneten karmischen Bedingungen, die sich aus der Summe der vergangenen Handlungen ergeben, vorhanden sind. Aufgrund karmischer Bedingungen werden äußere Umstände herbeigeführt, die freudvolle Bewußtseinszustände erzeugen. Wenn die hierzu notwendigen ursächlichen Bedingungen, die aus innerer Freude kommen, fehlen, können die geeigneten äußeren ursächlichen Bedingungen nicht eintreten. Aber selbst wenn diese äußeren Bedingungen gegeben wären, könnte die betreffende Person nicht die Freude genießen und das Glück aus ihnen erfahren, das ihr andernfalls mit Gewißheit beschieden wäre. Dies beweist, daß die inneren ursächlichen Bedingungen wesentlich sind, weil sie die Erfahrung des Glücks oder eben auch des Gegenteils, des Unglücks, determinieren. Deshalb ist es also für uns, die wir die gewünschten Resultate erzielen wollen, notwendig, gleichzeitig die äußeren Faktoren, die entsprechende Ursachen hervorbringen, sowie auch die inneren karmischen Faktoren, die entsprechende Ursachen hervorbringen, zu erzeugen.

Um es noch einmal einfach auszudrücken: Um gute innere karmische bedingende Faktoren anzuhäufen, bedarf es vornehmlich solcher Qualitäten wie Genügsamkeit, Zufriedenheit, Demut, Einfachheit und anderer edler Eigenschaften. Wenn man diese Eigenschaften einübt, wird das entsprechende karmische Bedingungen schaffen, die Veränderungen in dem bereits erwähnten äußeren Prozeß der Verursachung bewirken, so daß Ursachen geschaffen werden, die Glück bewirken werden. Der Mangel an geeigneten inneren karmischen bedingenden Faktoren wie Genügsamkeit, Zufriedenheit, Geduld, Vergebung und vieles mehr verhindert, daß man glücklich sein kann, selbst wenn alle äußeren Bedingungen dafür gegeben sind. Außerdem muß man noch die Kraft der Verdienste und Tugenden aus vorigen Leben akkumuliert haben, denn anders kann die Saat der Glückseligkeit keine Frucht tragen.

Man kann dies auch anders formulieren: Annehmlichkeit und Frustration, Glück und Leiden, die ein Individuum erfährt, sind die unvermeidlichen Früchte heilsamer und schlechter Handlungen, die es verübt und damit zur Gesamtsumme der karmischen Impulse hinzugefügt hat. Wenn zu einem bestimmten Zeitpunkt im Leben die Früchte der guten Handlungen eines Menschen zur Reife gekommen sind, wird er – falls er weise ist – erkennen, daß dies die Frucht vergangener verdienstlicher Taten ist. Das wird ihn erfreuen und zu noch größerem positiven Handeln anspornen. Und ähnlich ist es, wenn einem Menschen Schmerz und Unannehmliches widerfährt. Er wird dies ruhig ertragen können, wenn er die unerschütterliche Überzeugung bewahrt, daß er Leiden und die Folgen seiner eigenen vergangenen Taten tragen muß, ob er will oder nicht, mag er auch normalerweise Intensität und Ausmaß der Leiden kaum ertragen können. Es kommt hinzu, daß die Einsicht, daß diese Leiden nichts anderes als Früchte des eigenen Handelns sind, ihn weiser machen wird, so daß er von schlechten Handlungen in Zukunft lieber Abstand nehmen wird. Auch ist es ein befriedigender Gedanke, daß durch die Reifung früheren schlechten Karmas das aus früherem Handeln angesammelte Negative bereits teilweise abgearbeitet ist. Dies kann für ihn zur Quelle des Trostes werden.

Wenn man die Weisheit dieser Einsicht zu schätzen weiß, kann man die wesentlichen Bedingungen erfassen, die notwendig sind, geistigen Frieden und körperliche Entspannung zu erlangen. Nehmen wir zum Beispiel an, jemand wäre plötzlich von einem physischen Leiden geplagt, das von äußeren Ursachen herrührt. Aufgrund der Überzeugung, daß er letztlich für sein gegenwärtiges Leiden selbst verantwortlich ist, kann er durch Willenskraft allein das Maß seines Leidens neutralisieren. Sein Geist wird dadurch getröstet sein und Frieden finden.

Ich möchte dies jetzt auf einer höheren Ebene erläutern. Dabei handelt es sich um das Streben und die Anstrengungen, die man unternehmen kann, um Unzufriedenheit und ihre Ursachen systematisch zu überwinden.

Wie schon gesagt, sind Vergnügen und Schmerz, Glück und Unzufriedenheit Wirkungen der eigenen guten und schlechten, angemessenen und unangemessenen Handlungsweisen. Angemessene und unangemessene karmische Handlungen sind keine äußeren Erscheinungen. Sie gehören wesentlich zum Bereich des Bewußtseins. Alle Anstrengungen zu unternehmen, um jede mögliche Art günstigen Karmas aufzubauen und alles ungünstige Karma abzuarbeiten und zu reinigen, ist der Weg zum Glück und zum Vermeiden von Schmerz und Leid. Denn es ist unausweichlich, daß einer günstigen Ursache ein gutes Resultat folgt und daß die Folge ungünstiger Ursachen Leid ist.

Deshalb ist es von größter Bedeutung, daß wir mit allen Mitteln danach streben, die Qualität und Quantität guten Handelns zu vermehren und entsprechend schlechte Handlungen zu vermeiden.

Wie aber kann man das erreichen? Verdienstfördernde und verdiensthindernde Ursachen, die Wohlergehen und Leid zur Folge haben, haben mit äußeren Prozessen keine Ähnlichkeit. Im menschlichen Organismus beispielsweise können verschiedene Körperteile wie Lungen, Herz und andere Organe durch neue ersetzt werden. Das ist im Falle karmischer Handlungen nicht möglich, weil sie rein geistiger Natur sind. Der Erwerb positiver Bewußtseinsformungen (karmischer Engramme) und die Tilgung schlechter Formungen sind rein geistige Prozesse. Sie können nicht durch Hilfe, die von außen käme, herbeigeführt werden. Die einzige Möglichkeit, positive Bewußtseinsformungen zu prägen, ist die Kontrolle und Disziplinierung des bisher ungezähmten Bewußtseins. Dazu brauchen wir ein tieferes Verständnis dessen, was wir Geist oder Bewußtsein nennen.

Vermittels der fünf Sinnesorgane kann ein Lebewesen sehen, hören, riechen, schmecken und in Kontakt mit einer Unzahl von äußeren Formen, Objekten und Eindrücken kommen. Schalten wir nun Form, Klang, Geruch, Geschmack, Berührung und mentale Ereignisse, die in Beziehung zu den sechs Sinnen stehen, aus, setzt die Erinnerung an vergangene Ereignisse ein, mit denen das Bewußtsein unablässig beschäftigt ist, und wir schalten diese Erinnerung nun ebenfalls aus. Ebenso soll dem Bewußtsein auch nicht erlaubt werden, Pläne für die Zukunft zu schmieden und zukünftige Ereignisse vorwegzunehmen. Man muß also ein Vakuum anstelle all dieser Gedankenprozesse erzeugen, wenn man diese Prozesse entleeren will. Ist das Bewußtsein von all diesen Prozessen befreit und gereinigt, bleibt ein reiner, klarer, ununterschiedener und stiller Geist zurück.

Wir wollen nun untersuchen, welche Charakteristika dem Bewußtsein zukommen, das dieses Stadium erlangt hat. Wir haben es hier gewiß mit etwas zu tun, das man Geist nennen kann, aber wie können wir uns seiner Existenz vergewissern? Was es zu finden gilt, ist das wirkliche und wesentliche Bewußtsein, das von der Bürde aller groben Behinderungen und Verirrungen wie der Sinneseindrücke, der Gedankenströme und so weiter gereinigt ist. Wenn wir diese Aspekte des wirklichen Geistes betrachten, werden wir entdekken, daß sein Wesen – ganz anders als äußere Objekte – weder Form noch Farbe hat. Ferner können wir auch keine wahre Basis für solche falschen und trügerischen Begriffskomplexe finden wie etwa die Annahme, daß das Bewußtsein von dem oder jenem herkommt oder daß es an diesem oder jenem Ort lokalisiert ist.

Wenn das Bewußtsein nicht mit einem Objekt in Kontakt kommt, ist es wie eine riesige, grenzenlose Leere, wie ein stiller, unendlicher Ozean. Tritt es aber mit einem Objekt in Verbindung, hat es davon augenblicklich eine Erkenntnis, gerade wie ein Spiegel, der sofort die Person, die vor ihm steht, spiegelt. Die wahre Natur des Geistes besteht nicht nur darin, eine klare Erkenntnis des Objektes zu haben, sondern auch darin, eine konkrete Erfahrung dieses Objektes dem mitzuteilen, der das Objekt erfährt.

Normalerweise funktionieren unsere verschiedenen Möglichkeiten der Sinneserkenntnis wie Sehbewußtsein, Hörbewußtsein und so weiter dergestalt, daß sie sich auf äußere Objekte richten und dabei die Dinge stark verzerren. Wissen, das aus Sinneserkenntnis kommt, basiert auf groben äußeren Erscheinungen und ist daher auch wenig subtiler Natur. Wenn diese Art grober Erregung ausgeschaltet wird und somit konkrete Erfahrungen und klare Erkenntnis von innen ermöglicht werden, nimmt das Bewußtsein die Eigenschaft unendlicher Leere an, die der Unendlichkeit des Raumes vergleichbar ist. Diese Leere aber darf man nicht als wahre Natur des Geistes betrachten. Wir sind so sehr gewöhnt, das Bewußtsein in der Art von Form,

Farbe und groben Objekten zu betrachten, daß wir bei konzentrierter Introspektion in den Zustand des Geistes, wie er in sich ist, meinen, er sei eine riesige, unbegrenzte Leere, die frei von jeder groben Unklarheit oder anderen Behinderungen wäre. Das heißt aber nicht, daß wir nun die subtile wahre Natur des Geistes erkannt hätten!

Was wir eben erläutert haben, betrifft den Zustand des Bewußtseins in Beziehung zur konkreten Erfahrung und klaren Erkenntnis durch den Geist, seine Funktion also; aber das ist nur eine Beschreibung der relativen Natur des Geistes.

Zusätzlich dazu gibt es noch andere Aspekte und Ebenen des Geistes. Mit anderen Worten: Der Geist als letztgültige Grundlage hat noch viele Attribute, die ihm zugeordnet sind. So, wie eine Zwiebel aus Schale über Schale besteht, die man nacheinander abziehen kann, so hat jedes Objekt eine Anzahl von Schalen oder Ebenen. Und das gilt ebenfalls für die Natur des Geistes, die hier zur Diskussion steht. Auch der Geist hat Schale über Schale, Ebene in Ebene und Zustand in Zustand.

Alle zusammengesetzten Dinge unterliegen dem Zerfall. Da Erfahrung und Erkenntnis impermanent sind und dem Zerfall unterliegen, ist das Bewußtsein, dessen Funktion sie ja sind, weder konstant noch unbeweglich und ewig. Es ändert sich in jedem Augenblick. Diese Flüchtigkeit des Bewußtseins ist ein Aspekt seiner Natur. Seine wahre Natur hat jedoch, wie wir bereits beobachten konnten, viele Aspekte, einschließlich des Bewußtseins der konkreten Erfahrung und Erkenntnis von Objekten.

Wir wollen nun eine weitere Überlegung anstellen, um die Bedeutung des subtilen Wesens eines solchen Bewußtseins besser verstehen zu können. Das Bewußtsein existiert verursacht durch sich selbst. Zu leugnen, daß der Ursprung des Bewußtseins eine Ursache hat, oder zu behaupten, daß dies nur eine Bezeichnung ist, die man gibt, um die Natur der Bewußtseinsaggregate erkennen zu können, ist nicht richtig. Unserer oberflächlichen Betrachtung erscheint Bewußtsein, das seiner Natur nach konkrete Erfahrung und klare Erkenntnis ist, als mächtige, unabhängige, subjektive, vollständige und sich selbst bestimmende Wesenheit. Genauere Analyse jedoch läßt deutlich werden, daß Bewußtsein, das jene Funktionen der Erfahrung und Erkenntnis besitzt, keine aus sich selbst geschaffene Wesenheit ist, sondern hinsichtlich seiner Existenz von anderen Faktoren abhängt. Es ist also abhängig von etwas, das nicht es selbst ist. Diese Eigenschaft des Bewußtseins, nicht unabhängig zu sein, ist seine wahre Natur, und dies wiederum ist das letztgültige Wesen oder die eigentliche Wirklichkeit des Selbst.
Von diesen beiden Aspekten, nämlich der letztgültigen Natur des Bewußtseins und der Erkenntnis dieser letztgültigen Natur, ist jener die Basis und dieser ein Attribut. Bewußtsein (Selbst) ist die Basis, und alle seine verschiedenen Zustände sind Attribute. Der Basis und ihren Attributen aber eignet dasselbe eine Wesen. Das nicht aus sich selbst bestehende Bewußtsein, das von einer Ursache abhängt, die nicht es selbst ist, und sein Wesen, die Leere in bezug auf inhärente Existenz, haben immer und anfangslos als ein und dasselbe unteilbare Wesen existiert. Die Leere *(śūnyatā)*

durchdringt alles als die wahre Natur von allem. Wenn wir jedoch die unzerstörbare, letztgültige Wirklichkeit, die Leere unseres Bewußtseins, nicht begreifen können, bleiben wir im Irrtum, und unsere Fehler bestehen weiter fort.

Betrachtet man das Bewußtsein als Subjekt und des Bewußtseins letztgültige Wirklichkeit als sein Objekt, wird man zu einem adäquaten Verständnis der wahren Natur des Geistes gelangen, das heißt sein letztgültiges Wesen erfassen können. Wenn man schließlich nach langer und geduldiger Meditation zu einem Wissen gelangt, das des Geistes letztgültige Natur, die jeder dualistischen Erscheinung entbehrt, direkt erkennt, wird man schließlich fähig, die Verblendungen und Irrtümer der verschiedenen Bewußtseinszustände wie Zorn, Prahlerei, Eifersucht, Neid und so weiter zu überwinden.

Die Unfähigkeit zur Erkenntnis der wahren Natur des Geistes wird überwunden durch die Befähigung, seine letztgültige Natur direkt zu erfahren. Das führt dazu, daß Gier, Haß und alle daraus folgenden Verblendungen überwunden werden. Infolgedessen kann dann auch kein negatives Karma mehr angehäuft werden. Auf diese Weise wird die Erzeugung von schlechtem Karma, das zukünftige Leben beeinflussen würde, gestoppt. Vielmehr kann man nun Qualität und Quantität von positiver Bewußtseinsformung vermehren, negative Formung aber ausschließen; und zukünftige Leben werden dann allenfalls noch von dem Karma bestimmt, das vorher angehäuft worden war.

Für die Praxis zur Erlangung vollkommenen Wissens über die wahre Natur des Geistes bedarf es konzen-

trierter geistiger Anstrengung, um das Objekt der Erkenntnis umfassend zu verstehen. In unseren normalen Bewußtseinszuständen, wie zum Beispiel auch jetzt in diesem Augenblick, wird unser Bewußtsein sofort immer von dem Objekt abgelenkt, mit dem es gerade in Berührung kommt. Das macht umfassendes Verständnis unmöglich. Deshalb ist zur Erlangung größtmöglicher Geisteskraft eine maximale Ausschöpfung der Bewußtseinskräfte die erste Voraussetzung.
Um Ihnen ein Beispiel zu geben: Ein großer Fluß, der im flachen Land im breiten Flußbett dahinfließt, verfügt nur über geringe Strömungskraft. Wenn er aber durch eine enge Schlucht gepreßt wird, muß alles Wasser auf kleinem Raum komprimiert werden, und deshalb fließt der Fluß nun mit großer Strömungskraft. Aus ähnlichen Gründen müssen alle mentalen Zerstreuungen, die das Bewußtsein von seinem Objekt der Kontemplation wegziehen, vermieden werden, damit das Bewußtsein fest und unbeirrt bei seinem Objekt bleiben kann. Wenn man das nicht erreicht, wird der Versuch, ein adäquates Verständnis der Natur des Geistes zu erlangen, von vornherein zum kläglichen Scheitern verurteilt sein.
Um das Bewußtsein fügsam zu machen, müssen wir lernen, es zu disziplinieren und zu kontrollieren. Sprache und körperliche Handlungen, die Bewußtseinsprozesse begleiten, dürfen nicht unkontrolliert und zufällig ablaufen und die Bewußtseinsintensität beeinträchtigen. So, wie ein Trainer das wilde und ungebändigte Roß zähmt, indem er es einem planvollen und langwierigen Training unterzieht, müssen die ungezähmten, wechselvollen und zufälligen Abläufe kör-

perlicher und sprachlicher Prozesse gezähmt werden, damit sie fügsam, recht und geschickt werden. Aus diesem Grunde haben die Lehren des Buddha drei Aspekte, nämlich *śīla*, das Training in tugendhaftem Verhalten, *samādhi*, das Training von Meditation, und *prajñā*, das Training zur Erlangung von Weisheit, und alle dienen dem Bewußtseinstraining.

Indem man diesen dreifachen Weg studiert, meditiert und praktiziert, schreitet man in der Verwirklichung der Wahrheit voran. Jemand, der sich darin übt, wird die wunderbare Eigenschaft erwerben, Unglück und Leiden, die Frucht vergangenen Karmas sind, geduldig zu ertragen. Der Betreffende wird jedes Unglück, das ihm widerfahren sollte, als Glück im Unglück betrachten, denn es belehrt ihn über die Bedeutung von Karma und wird ihn von der Notwendigkeit überzeugen, nur noch solche Handlungen zu vollbringen, die das Bewußtsein positiv formen. Falls sich sein vergangenes schlechtes Karma noch nicht ausgewirkt hat, wird es für ihn immer noch möglich sein, dasselbe zu tilgen, indem er die Kraft der »Vier Kräfte« anwendet, nämlich: erstens den festen Entschluß, die Buddhaschaft zu erlangen, zweitens den Entschluß, unheilsame Handlungen zu meiden, selbst wenn es ihn das Leben kosten sollte, drittens heilsame Handlungen auszuführen, und viertens Reue.

Dies ist der Weg, unmittelbar Glück zu erlangen, den Pfad zur zukünftigen Befreiung vorzubereiten und zu vermeiden, daß negative karmische Formungen erzeugt werden.

3.3 Zusammenschau der drei Fahrzeuge

Die Methoden der Praxis des Buddha Dharma sind unterschiedlich, denn sie hängen von den Fähigkeiten und Neigungen des individuellen Bewußtseins ab. Diejenigen, die praktizieren sollen, verfügen nicht über einheitliche Bewußtseinsvoraussetzungen und Intelligenz. Einige Menschen haben einen hohen Intelligenzgrad, während andere nur über mittelmäßige Begabung verfügen. Dementsprechend hat der Buddha so gelehrt, daß den unterschiedlichen Graden von Intelligenz und Rezeptivität Rechnung getragen wird. Trotz dieser verschiedenen Ebenen der Unterweisung ist es dennoch möglich, eine Beschreibung der allgemeinen Methode der Praxis des Buddha Dharma insgesamt zu geben.

In philosophischer Hinsicht kann man den Buddha Dharma in vier unterschiedliche Schulen einteilen: erstens Vaibhāṣika, zweitens Sautrāntika, drittens Vijñānavāda und viertens Śunyavāda. Unter dem Gesichtspunkt der Praxis kann man den Buddha Dharma in drei Kategorien einteilen, die auch als die drei Fahrzeuge bekannt sind: erstens Śravakayāna oder Hīnayāna, zweitens Pratyekabuddhayāna und drittens Bodhisattvayāna oder Mahāyāna. Weil Śravakayāna und Pratyekabuddhayāna im Grunde genommen gleich sind, nennt man sie allgemein Hīnayāna. So kommen wir zu den beiden Fahrzeugen Hīnayāna und Mahāyāna.

Mahāyāna unterteilt man weiter in die Fahrzeuge Prajñāpāramitāyāna oder »Ursache-Fahrzeug der Vollkommenheit« und Vajrayāna oder »Wirkungs-Fahrzeug des diamantenen Rades«, das man auch das »Große Geheimnis« nennt.
Ob man nach dem Mahāyāna oder Hīnayāna, dem »Ursache-Fahrzeug« oder dem »Wirkungs-Fahrzeug« des Mahāyāna praktiziert – jedes dieser Fahrzeuge ist eine gültige Form der großartigen Lehren des Buddha.
Gelegentlich kann es passieren, daß jemand, der die Dinge nicht hinreichend studiert hat oder noch nicht zur vollkommenen Erfahrung der Lehren des Gesegneten (des Buddha) gelangt ist, über die scheinbaren Widersprüche zwischen Vorstellungen des Hīnayāna und Mahāyāna oder Sutra und Tantra verwundert ist. Der Buddha hat in der Tat verschiedene und widersprüchliche Aspekte gelehrt, wie etwa permissive und restriktive Vorschriften innerhalb des Gesamtkorpus des weitgespannten philosophischen Systems. Das ist die Grundlage für verschiedene und voneinander abweichende Formen der Praxis und Lebensführung. Nur wenn man sich tief in diese scheinbaren Widersprüche versenkt, nachdem man durch intensives Studium und klare Einsicht in die Lehren des Buddha in allen Aspekten gut vorbereitet ist, wird man zu einer umfassenden Erkenntnis gelangen, die Vorgehensweise und Praxis aller Methoden und Systeme in ihrem inneren Zusammenhang zu deuten vermag.
Ist der Suchende zu dieser Erkenntnis gelangt, wird ihm die Einsicht aufleuchten, daß jene permissiven und auch die restriktiven Aspekte in der Lehre des Buddha einzig und allein den Sinn haben, den Üben-

den allmählich und geradlinig entsprechend seinen jeweiligen Voraussetzungen und Fähigkeiten auf dem Weg voranzubringen. Mit anderen Worten, das Ziel aller Fahrzeuge ist dies, das beschmutzte und ungezügelte Bewußtsein des Individuums zu disziplinieren und das Verständnis der Mönchsregel (und aller Anweisungen) entsprechend der fortschreitenden Bewußtseinsentwicklung zu vertiefen.
Wie kann dann aber ein Mensch, der Dharma übt, die Lehre vollkommen praktizieren? Ein tibetisches Sprichwort beantwortet diese Frage folgendermaßen:

> »Äußerliches Verhalten richtet sich nach der Vinaya-Regel (Hīnayāna).
> Innerliche mentale Praxis beruht auf *bodhicitta,* dem altruistischen Erleuchtungsstreben (Mahāyāna).
> Die Praxis im Geheimen ist Tantra (Vajrayāna).«

Dieses Sprichwort kann man wie folgt erläutern: Ein Mönch, der die Gelübde abgelegt hat, handelt in Übereinstimmung mit der Vinaya-Regel. Er übt mit der Motivation, den Status der Buddhaschaft zu erlangen, um alle Lebewesen befreien zu können. Darum strebt er danach, die Sechs Vollkommenheiten zu praktizieren und die Vier Attribute eines Bodhisattva zu erlangen. Die Sechs Vollkommenheiten sind Geben, tugendhaftes Verhalten, Geduld, Ausdauer, Sammlung und Weisheit. Die Vier Attribute sind Mildtätigkeit entsprechend den Bedürfnissen des Empfängers, Freundlichkeit in der Rede, Ermutigung anderer, tugendhaft zu leben, und die Anleitung anderer zu lauterer Lebenspraxis. Außerdem übt er sich auch in den zwei wesentlichen Meditationswegen gemäß den esoterischen Lehren. Damit praktiziert er alle Lehren des Hīnayāna und Mahāyāna, Sutra und Tantra. Diese Beschreibung buddhistischer Praxis ist den Ausführungen der großen indischen Meister sehr ähnlich.

»Äußerliches Verhalten richtet sich nach der Vinaya-Regel.« Das bedeutet folgendes: Es gibt acht Kategorien moralischer Regeln, die das äußere Verhalten gemäß der Vinaya-Regel betreffen. Die wichtigsten davon sind diejenigen, die für die Mönche *(bhikṣu)* gelten. Die Mönche müssen zweihundertdreiundfünfzig Vorschriften einhalten. Es gibt noch eine Reihe davon abgeleiteter Regeln, aber am wichtigsten sind diese zweihundertdreiundfünfzig. Sie betreffen fast ausschließlich das leibliche Verhalten und die Rede der Bhiksus.

Der zweite Satz: »Innerliche mentale Praxis beruht auf *bodhicitta*, dem altruistischen Erleuchtungsstreben« besagt, daß ein Mönch oder die betreffende Person dadurch motiviert wird, daß er den Gedanken hegt, alle lebenden Wesen befreien zu wollen und dafür auch die Weisheit zu erlangen, die Einsicht in die Leere der Wirklichkeit *(śūnyatā)* bedeutet. Mit einer solchen Motivation strebt er nun danach, die Attribute eines Sublimen Bewußtseins zu erlangen, wie sie in der Transzendentalen Weisheit des Mahāyāna niedergelegt sind. Dies bedeutet weiter, daß er auch die großen Qualitäten erlangt, die von jenen Attributen des Sublimen Bewußtseins ausgehen.

Die Erklärung des dritten Satzes: »Die Praxis im Geheimen ist Tantra« kann so zusammengefaßt werden: Um die große und großartige Aufgabe der Befreiung aller Lebewesen zu bewältigen, muß die Buddhaschaft in möglichst kurzer Zeit erlangt werden. Dazu ist die Methode des Tantra geeignet, die nicht in der Öffentlichkeit praktiziert wird. Tantra unterscheidet sich von den anderen Methoden, insofern es eine einzigartige Methode ist, den Körper in einer solchen Weise vorzubereiten und zu konditionieren, daß er den Weg zum Ziel intensiver gehen kann.

Dadurch vollendet ein Mensch schließlich den Stufenweg, der alle Methoden von Hīnayāna und Mahāyāna, Sutra und Tantra in sich vereint. Geradeso wie ein Arzt unterschiedliche Diät verordnen kann, die dem jeweiligen Grad der Rekonvaleszenz des betreffenden Patienten entspricht, praktiziert man diese verschiedenen Methoden entsprechend dem jeweiligen geistigen Reifegrad, weil sich ja das Bewußtsein auf dem Weg zur Erleuchtung allmählich wandelt. Das Ziel aller Methoden ist und bleibt aber das Geistestraining des jeweiligen Individuums.

Innerhalb des Tantra-Fahrzeugs gibt es vier Unterabteilungen:

1. Das Tantra der (kultischen) Handlung *(kriyā-tantra)*, das die Bedeutung äußerlicher Reinigungszeremonien betont.
2. Das Tantra der Vollzugspraxis *(caryātantra)*, das die Parallele von äußeren Vorgängen und inneren geistigen Vorgängen betont.
3. Das Yoga-Tantra *(yogatantra)*, das die inneren geistigen Vorgänge wie etwa die Meditation hervorhebt.

4. Das Höchste Yoga-Tantra *anuttarayogatantra),* das die herausragende Bedeutung der inneren Vorgänge völlig unabhängig von den äußeren betont, das heißt, es betrifft eine höhere Form der Meditation.

Im Kriya-Tantra, Carya-Tantra und Yoga-Tantra werden keine besonderen Methoden für subtile meditative Konzentration auf die verschiedenen Zentren der Lebensenergie *(cakra)* im physischen Körper gelehrt, Zentren, die auch die Atemkontrolle, die Bewegung der regenerativen Energien und die Blutzirkulation beeinflussen, während Methoden für solche Übungen im Anuttara Yoga-Tantra ausführlich behandelt werden. Wie dem auch sei, wer in einer der Tantraklassen praktizieren will, muß zuerst sein Bewußtsein vorbereiten. Dies wird häufig die »Reifung des Bewußtseins« genannt. Dazu muß man die erforderliche formale Initiation durch einen kompetenten Meister empfangen.
Der nächste Schritt ist dann die Einhaltung der heiligen Gelübde und Verhaltensregeln, wie sie in den tantrischen Schriften beschrieben werden. Im Falle der ersten drei Tantraklassen schreitet der Übende nun so fort, daß er sich auf das nicht inhärent existierende Selbst konzentriert, das heißt auf die Leere der betreffenden göttlichen Wesenheit, die er meditiert. Im Falle der vierten Tantraklasse praktiziert man zuerst den Weg, der *utpanna krama* genannt wird und zur Reifung führt, dann den Weg, der *sampanna krama* heißt und zur Befreiung führt. Im ersten Stadium identifiziert sich der Übende mit der göttlichen Wesenheit, die er als

Meditationsobjekt erwählt hat. Nur wenn das gelungen ist, kann er zu sampanna krama fortschreiten. Im zweiten Stadium konzentriert er sich nun darauf, die Fähigkeit zu erlangen, das Atemsystem, die Blutzirkulation und den Fluß der Samenflüssigkeit vollkommen zu kontrollieren. Durch Kontrolle dieser Prozesse wird das Bewußtsein intensiviert, und auf diesem Weg gelangt man zur Buddhaschaft. Mit anderen Worten und in der buddhistisch-philosophischen Terminologie: Der Übende erlangt die Kraft, die aus dem in sich selbst bestehenden Körper eines Buddha *(svabhāvikakāya)* kommt, sowie auch die Kraft des Wahrheitskörpers eines Buddha *(dharmakāya)*, des Seligkeits-Körpers eines Buddha *(saṁbhogakāya)* und des Emanationskörpers eines Buddha *(nirmāṇakāya)*. Außerdem erlangt er die Fünf Formen der göttlichen Weisheit.

Die Methoden, die zur Praxis des Buddha Dharma, wie es eben erläutert wurde, hilfreich sind, können kurz so zusammengefaßt werden:

Zuerst muß man ein klares Verständnis der Bedeutung der Methode erlangen, die man praktizieren möchte. Um dies zu erreichen, hört man zahlreiche Predigten, Vorlesungen und Erläuterungen zu den betreffenden Themen. Die Bedeutung dieser Lehren muß wieder und wieder erwogen werden. Erst dann folgt der nächste Schritt: die konzentrierte Meditation über die tiefere Bedeutung dessen, was man vorher erwogen hat. Diese drei Schritte sollten so miteinander verbunden werden, daß sie ausbalanciert sind, das heißt, ohne daß einer der Aspekte vernachlässigt wird. Dadurch erlangt man die drei großen Qualitäten, nämlich Gelehrsamkeit, Edelmut und Tugend. Ein gelehrter Mensch wird nur dann ein edler Mensch werden, wenn er das, was er gelernt hat, wirklich praktiziert. Worte allein nützen gar nichts. Umgekehrt aber würde ein edler Mensch, der Kontrolle über sein Bewußtsein erlangt hat, aber keine Einsicht in die Zusammenhänge besitzt, die er aus Vorträgen und Anweisungen hätte haben können, einen Mangel an Bildung aufweisen und demzufolge nicht gelehrt sein. Er sollte sich bemühen, die verschiedenen Themen, die mit dem Buddha Dharma zusammenhängen, verstehen zu lernen. Durch die Meisterung dieser beiden Aspekte oder Qualitäten und durch die zusätzliche Motivation, um der anderen willen Gutes zu tun, erreicht man die drei Qualitäten der Gelehrsamkeit, des Edelmuts und der Güte.

3.4 Zwischen Elend und Freude

Die Fähigkeit zum Denken unterscheidet den Menschen vom Tier und von anderen Lebewesen. Menschen können viele Dinge untersuchen und verstehen, was den Tieren verwehrt ist. Weil die Menschen in der Lage sind, Dinge wahrzunehmen, die jenseits der direkten sinnlichen Wahrnehmung liegen, sind die meisten von ihnen – seien sie nun Buddhisten, Hindus oder Christen – in bestimmter Weise religiös gebunden, das heißt, sie beten oder praktizieren irgendeine andere Form der Anbetung.

Sind solche Gebete und Rezitationen nun einfach Gewohnheit und tradierte Sitte, handelt es sich also um bloße Rituale, die das tägliche Leben verschönern sollen? Die Antwort ist: Nein. Denn der primäre Zweck aller Gebete und religiösen Rezitationen sollte die Kontrolle und Disziplinierung des Bewußtseins sein.

Es gibt verschiedene Methoden des Bewußtseinstrainings, aber an das Wohl der anderen zuerst zu denken, ist in jedem Fall außerordentlich wichtig. Gütige Empfindungen für andere sind Quelle des Glücks sowohl für die anderen als auch für einen selbst. Denkt man aber nur an sich selbst, an die eigene Behaglichkeit und das eigene Glück, kann daraus nur Leid folgen. Wie der bedeutende indische Pandit Śāntideva sagt:

»Alles Leid in der Welt ist verursacht durch egoistisches Verlangen nach eigenem Wohl und Glück. Alles Glück ist die Frucht selbstlosen Verlangens nach dem Glück und Wohlergehen der anderen.«

Glück, sei es nun ein vergängliches oder letztgültiges, ist direktes oder indirektes Resultat des wahrhaftigen Verlangens nach dem Wohl der anderen. Die Hauptursache für das Leiden ist egoistisches Verlangen nach eigenem Wohl und Glück oder seine indirekten Folgen. Für unsere durch Streit zerrissene Welt trifft das in jedem Falle zu, ob es sich bei den Leiden nun um Probleme im großen Maßstab handelt, die etwa daher rühren, daß Völker miteinander streiten oder jemand verwerflich handelt, was viele das Leben kosten kann, oder im kleinen Maßstab etwa das Gezänk zwischen Insekten. In allen diesen Fällen ist Egoismus die Ursache des Leidens.

Wenn die Zusammenarbeit zwischen Nachbarn und Nationen durch gegenseitiges Wohlwollen motiviert ist, so liegt in dieser Motivation ein großer Wert. Wir müssen selbstloses Verlangen nach dem Wohlergehen der anderen höherschätzen als das egoistische Verlangen nach eigenem Glück. Allgemein gilt, daß sich die bewußtseinsbegabten Wesen unwohl fühlen, wenn ihnen etwas widerfährt, das Unbehagen bereitet, selbst wenn es eine ganz triviale Sache ist. Da wir wissen, daß andere auch leiden, wenn ihnen Unangenehmes widerfährt, sollten wir uns bemühen, alles zu unterlassen, was für andere Anlaß zum Unbehagen oder Leiden werden könnte. Dieses Prinzip könnte ein

Grundstein für Frieden in der Welt sein und für alle Bemühungen, die den Frieden sicherer machen, wie etwa die Abrüstung. Wenn alle Gedanken, die Leiden erzeugen können – wie etwa das Verlangen, Gewalt auszuüben –, aus dem Bewußtsein verbannt sind, werden Rede und Handeln, die ja auf den zuvor gedachten Gedanken beruhen, ohne böse Absicht sein.
So entstehen Abrüstungsverhandlungen und andere Friedensinitiativen zuerst im Bewußtsein, das den Entschluß zum Frieden fassen muß, um ihn dann später in Sprache und Handeln umzusetzen. Sind Rede und Handeln nicht von einer festen Intention im Bewußtsein untermauert, kann überhaupt nichts erreicht werden, wie sehr man sich auch mühen mag. So ist also die Unfähigkeit des Bewußtseins zu Kontrolle, Konzentration und Disziplin der eigentliche Grund aller Schwierigkeiten und Probleme in der Welt. Deshalb sollen wir in diesem unserem Leben gütige Gedanken in unserem Bewußtsein erzeugen, um sie zu allen Wesen – vom Menschen bis zu den kleinsten Insekten – auszustrahlen, ob wir nun an Wiedergeburt glauben oder nicht. Dann wird die Welt automatisch ein glücklicherer Ort für jegliches Leben sein.
Glück für sich selbst und andere erlangt man dadurch, daß man sich zuerst auf die anderen konzentriert. Was die Welt heute braucht, sind Liebe und heilende Hinwendung zu allen Wesen. Deshalb ist es am allerwichtigsten, unser Bewußtsein so zu lenken, daß es gütige Gedanken für andere hervorbringt, damit der Gedanke an das Wohl der anderen zu einer dem Bewußtsein eingravierten Gewohnheit wird.

3.5 Sekten und Sektenspaltung

Was eigentlich meinen wir, wenn wir den Begriff »Religion« als Allgemeinbegriff für alle unsere verschiedenen Lehrsysteme verwenden? Beziehen wir uns auf die lateinische Wurzel des Begriffs, so können wir seinen Ursprung auf das Präfix *re-*, wieder, und das Verb *ligare*, verbinden, zurückführen. Die ursprüngliche Bedeutung des Wortes »Religion« wäre dann etwa »wieder binden« oder »zurückbinden«. Wie kann man aber dieses Konzept des Verbindens als allgemeinen Begriff für all unsere verschiedenen Lehren anwenden?

Der gemeinsame Gegner aller religiösen Disziplinen, die Zielscheibe aller moralischen Gebote, die von den großen Lehrmeistern der Menschheit niedergelegt wurden, ist die Egozentriertheit des Bewußtseins. Denn genau dies ist es, was Unwissenheit, Ärger und Leidenschaft hervorbringt, die als Wurzeln allen Übels in der Welt gelten müssen. Die großen Meister wollten ihre Schüler vom Pfad der schlechten Taten abbringen, dem sie aus Unwissenheit folgten, und sie statt dessen den Weg der Gerechtigkeit führen. Alle stimmen in dem einen Punkt überein, daß das undisziplinierte Bewußtsein, das die Egozentrizität hervorbringt, *»zusammengebunden«* und kontrolliert werden muß. Aufgrund ihrer großen Weisheit sahen diese Meister, daß ein solches Bewußtsein Ursache allen

Übels ist. So können wir in dem Wort *Religion*, das alle unsere spirituellen Lehren bezeichnet, den Schlüssel zu und die Grundlage von Einheit und Harmonie finden.

Die oberflächlichen Widersprüche in Dogmen und Lehrbegriffen resultieren aus den unterschiedlichen Bedingungen wie Zeit, Ort, Kultur und Sprache, die zur Entstehungszeit der betreffenden Religion vorherrschten. Betrachten wir aber die wirkliche Praxis eines jeden einzelnen Gläubigen, werden wir ein gemeinsames Ziel, das über diesen Unterschieden steht, entdecken. Um den großen Heiligen und Lehrer Tsongkapa (1357–1419) zu zitieren:

1. Alle Gebote sind frei von Widersprüchen, wenn man sie wirklich praktiziert und versteht.
2. Jede Lehre ist eine Anleitung zu wirklicher Praxis.
3. Das ist der einfache Weg, die Bedeutung der Lehre unseres Meisters zu erfassen
4. und den großen Fehler zu meiden, vom Pfad abzuweichen.

Dieser Geist des Nicht-Widerspruchs, der sich in diesem sogenannten »Weg des Vierecks« ausdrückt, ist der Schlüssel für eine breite, philosophisch begründete positive Haltung zu Geist und Funktion der Religion. Denn wenn man sich der Funktion, die sich in den verschiedenen Lehren ausdrückt, bewußt bleibt, kann man den Irrtum ausschließen, der sich in sektenhafter Mentalität und Einseitigkeit ausdrückt. Nur so können wir die schwere Sünde vermeiden, eine religiöse Lehre, wo immer sie auch herkommen mag, zu diskreditieren. Es bereitet mir großes Vergnügen, diese Worte, die vor langen Zeiten auf dem Dach der Welt im Land des Schnees gesagt worden sind, hier zu wiederholen, denn ich bin gewiß, daß sie in der gespannten und durch Kampf und Parteilichkeit bestimmten gegenwärtigen Weltsituation zur Entwicklung von Einigkeit und Zusammenarbeit beitragen können.

Um in einer Analogie zu reden: Ein geschickter Arzt stellt sich auf seine jeweiligen Patienten ein und gibt jedem die speziell für ihn geeignete Medizin, die notwendig ist, um diese besondere Krankheit zu kurieren. Deshalb werden die Behandlungsmethoden und die Medizin jeweils verschieden sein, und sie unterscheiden sich auch entsprechend den äußeren räumlichen und zeitlichen Bedingungen. All diese verschiedenen therapeutischen Methoden und Medizinen ähneln aber einander darin, daß sie dazu da sind, den Patienten von seiner Krankheit zu heilen. In gleicher Weise sind alle religiösen Lehren und Methoden darin ähnlich, daß sie dazu bestimmt sind, die Lebewesen aus dem Elend und seinen Ursachen zu befreien und ihnen die Möglichkeit zum Glück und seinen Ursachen zu geben. Um es mit einem berühmten Vers aus dem alten Indien zu sagen:

Kein Übel tun,
sondern in jeder Weise gut sein,
das eigene Bewußtsein vollkommen in Kontrolle nehmen,
das ist die Lehre des Buddha.

Bis in die jüngste Vergangenheit lebten die Menschen in meinem Land der Schneegipfel in fast völliger Isolation von anderen Religionen der Welt. Obwohl in alten Zeiten der Buddhismus und die buddhistische Kultur im wesentlichen von Indien durch die Vermittlung bedeutender indischer Gelehrter und der nicht weniger bedeutenden tibetischen Gelehrten und Übersetzer nach Tibet kamen und deshalb in dieser Zeit eine enge Verbindung zwischen beiden Ländern bestand, waren wir in unserer späteren Geschichte bedauerlicherweise von der Entwicklung der modernen Welt abgeschnitten. Jetzt, da wir die große nationale Katastrophe des Genozids erleiden mußten, wie allgemein bekannt ist, können wir nicht länger daran glauben, daß Isolationismus in heutigen Zeiten ein praktikabler Weg wäre.
Die Welt befindet sich heute zunehmend auf einem Weg in den Materialismus, und die Menschheit strebt einem Zenit in bezug auf äußeren Fortschritt zu. Sie wird dabei von dem unstillbaren Durst nach Macht und Besitz angetrieben. Aber indem man sich der Illusion hingibt, man könnte in einer Welt, in der alles relativ ist, nach einem Absoluten streben, das äußerlich sichtbar wäre, entfernt man sich immer weiter vom inneren Frieden und geistigen Glück. Das können wir alle bezeugen, die wir dauernd in der Angst vor immer furchtbareren Waffen leben müssen. Es wird um so dringender notwendig, daß wahrhaft geistiges Leben als die einzige beständige Basis für Glück und Frieden erkannt wird.
Darum bete ich, daß diese geistige Dimension in der Welt erkannt werden möge und die dunklen Schatten des Materialismus aufhellt. Wir müssen alles tun, die-

ses Licht in unseren Herzen lebendig zu halten, es der ganzen Welt mitzuteilen und die Herzen für seine heilende Kraft zu öffnen. Indem wir diesen festen Vorsatz fassen, meiden wir die Versuchungen weltlicher Macht, denn die heilende Kraft des Geistes ist eine natürliche Frucht des geistigen Weges. Sie ist nicht in Steinen oder großartigen Gebäuden, nicht in Gold oder Idolen, nicht in kostbaren Seidenstoffen oder dem Papier der Heiligen Schriften, sondern sie ist in dem unaussprechlichen Wesen des Bewußtseins und des Herzens des Menschen.

Wir sind frei, diese geistige Kraft zu entwickeln, indem wir den Anweisungen der spirituellen Lehrmeister folgen, durch die alle Wünsche unseres Herzens und die Gedanken gereinigt werden. Durch wirkliche Praxis im täglichen Leben erfüllt der Mensch die Ziele der Religion, ganz gleich, zu welcher Konfession er gehört. Wenn das innere Leuchten, das man durch spirituelle Praxis erzeugt hat, dann nach außen in die Welt strahlt, wie das in der Vergangenheit schon oft geschehen ist, dann können die vielen Menschen in den Völkern der Welt Inspiration für ihr Leben aus dem Erleuchtungsgeist von Liebe und Barmherzigkeit empfangen und Zuflucht in der Disziplin der Religion nehmen, der unerschöpflichen Quelle des Segens, dem universalen Mittel zu authentischem Leben.

3.6 Die zwei Wahrheitsebenen

Der Buddhismus ist in Tibet seit über tausend Jahren lebendig gewesen. Im Verlauf dieser Zeit ist er sorgfältig bewahrt und zur Basis unserer Kultur geworden. Obwohl unsere Kultur durch viele Aspekte und Werte aus Nachbarländern bereichert worden ist, sind wir aufs Ganze gesehen doch sehr selbständig gewesen.
In Tibet haben wir den Buddhismus in seiner Gesamtheit praktiziert. In bezug auf Kleidung und Mönchsregel haben sich die Mönche an den Vinaya-Sutras orientiert. In bezug auf das Geistestraining sind wir der Philosophie des Mahāyāna gefolgt und haben zusätzlich den tantrischen Buddhismus praktiziert. Aus diesem Grunde habe ich die Formulierung »in seiner Gesamtheit« benutzen können. Gegenwärtig jedoch gehen wir durch eine Periode unvorstellbarer Schwierigkeiten und Leiden.
Die heutige Welt ist in einem solchen Ausmaß in Konflikte und Leid verstrickt, daß jedermann Sehnsucht nach Frieden und Glück verspürt. Diese Sehnsucht hat leider häufig dazu geführt, daß sich viele in äußerliches Vergnügen verloren haben. Aber es gibt auch einige tiefsinnigere Menschen, die mit dem, was man normalerweise sehen und erfahren kann, nicht zufrieden sind und deshalb weiter denken und nach wahrhaftigem Glück suchen. Je mehr Fortschritt wir in materiel-

ler Hinsicht erzielen und je umfassender wir unsere alltäglichen Bedürfnisse befriedigen können, desto intensiver wird der Mensch auch nach der Wahrheit fragen, denn er spürt, daß materieller Fortschritt allein keine Zufriedenheit gewähren kann. Ich bin in der Tat davon überzeugt, daß die Suche nach Wahrheit zunehmen wird.

In der Vergangenheit haben viele gelehrte Meister oft sehr unterschiedliche Wege gewiesen, damit Menschen zur Wahrheit finden können. Einer von ihnen ist der Buddha. Mein Studium des Buddhismus hat mich zu der Überzeugung gebracht, daß die letztgültige Wahrheit, auf die alle Religionen hindeuten, dieselbe ist, auch wenn die verschiedenen Religionen unterschiedliche Namen, Formen und Denksysteme darstellen.

Im Buddhismus unterscheiden wir eine relative von einer absoluten Wahrheitsebene. Unter dem Gesichtspunkt der absoluten Wahrheit ist alles, was wir in unserem gewöhnlichen täglichen Leben fühlen und erfahren, eine Täuschung. Unter den verschiedenen Formen der Täuschung ist der Sinn der Trennung zwischen einem selbst und den anderen die schlimmste, da sie nichts als Unbehagen auf beiden Seiten erzeugt. Wenn wir über die letztgültige absolute Wahrheit meditieren und sie erfahren, werden die Verunreinigungen unseres Bewußtseins beseitigt, und damit verschwindet auch der Sinn für diese Trennung. Dies hilft, wahrhaftige Liebe füreinander zu entwickeln. Die Suche nach der absoluten Wahrheit ist aus diesem Grunde lebenswichtig.

Wenn wir die absolute Wahrheit trotz allen Suchens

nicht finden, so liegt es an unserem Unvermögen. Die letztgültige Wahrheit existiert. Wenn wir tief genug nachdenken und sorgfältig prüfen, werden wir erkennen, daß unsere Existenz in der letztgültigen Wahrheit gründet.

Um ein Beispiel anzuführen: Ich spreche zu Ihnen, und Sie hören zu. Im allgemeinen stehen wir unter dem Eindruck, daß es einen Sprecher, eine Hörerschaft und einen Klang der Worte, die geäußert werden, gibt. Wenn ich aber nach meinem Ich suche, werde ich es nicht finden, und wenn Sie nach Ihrem Ich suchen, finden Sie auch nichts. Das ist die Ebene der absoluten Wahrheit. Weder Sprecher noch Hörerschaft noch Klang können gefunden werden. All diese Dinge sind leer in bezug auf inhärente Existenz, leer wie der leere Raum. Sie sind aber auch nicht einfach völlig nichtexistent. Sie müssen existieren, denn wir sind ja in der Lage, sie wahrzunehmen. Was ich gerade sage, wird von Ihnen gehört, und Sie denken darüber nach. Meine Rede bringt eine bestimmte Wirkung hervor. Suchen wir aber analytisch nach dieser Ursache und dieser Wirkung, so können wir sie nicht finden. Dieses »Geheimnis« deutet auf die zwei Wahrheitsebenen hin.

Alles, dessen Existenz von uns durch direkte Erfahrung wahrgenommen wird, kann als zur relativen Wahrheit zugehörig bezeichnet werden. Aber unter dem Gesichtspunkt der absoluten Wahrheit existiert weder der Sucher noch das gesuchte Objekt. Die absolute Wahrheit ist leer, jenseits jeder einengenden Form, Komplexität und Schwierigkeit. Wenn wir das einmal erkannt haben, können wir wahren geistigen

Frieden erlangen. Es ist meine Hoffnung, daß wir im gegenseitigen Austausch mehr über diese Dinge erkennen werden. Dann werden wir in einer Welt, die aufgrund verbesserter Kommunikation vermittels technischen Fortschritts täglich kleiner wird, wahren geistigen Frieden erlangen können.

3.7 Die drei höheren Aspekte des Bewußtseinstrainings

Tugendhaftes Verhalten *(śīla)*

Welche Form des Buddhismus man auch immer zu praktizieren wünscht – Hīnayāna, Mahāyāna oder Vajrayāna –, man muß damit beginnen, die drei höheren Aspekte des Bewußtseinstrainings einzuüben. Buddha Sakyamuni selbst, dessen Wesen lauter heilende Hinwendung zu allen Wesen war und der alle Qualitäten eines Bodhisattva bereits in sich kultiviert hatte, hat sich diesen Übungen unterzogen und den Weg in dieser Weise gelehrt.
Die Lehre, die er verbreitet hat, ist von zweierlei Art: die Vermittlung von Worten oder Schriften und die Vermittlung von Einsicht. Letztere bezieht sich auf die innere Verwirklichung der drei höheren Aspekte des Bewußtseinstrainings: Selbstdisziplin, meditative Konzentration und Weisheit. Im Hīnayāna praktiziert man diese drei Aspekte auf der Grundlage von Entsagung und mit dem Ziel, für sich persönlich das Nirvāṇa zu erlangen. Im Mahāyāna werden sie auf der Grundlage von und mit der Motivation für die Erfüllung der Bodhisattvagelübde praktiziert, das heißt unter der Voraussetzung, die Buddhaschaft zu erlangen, um damit der Welt größten Nutzen zu bringen.
Der erste der drei Aspekte, die Übung in Selbstdiszi-

plin, gilt als Grundlage für die anderen Übungen und ist die Basis für alle weitere Vervollkommnung. Der Buddha selbst hat gesagt: »So, wie die Erde Grundlage für alles Leben ist und alles das hervorbringt, was wächst, so ist Disziplin die Basis für jede spirituelle Anstrengung, und sie gebiert alle weiteren Tugenden.«

So heißt es auch im Mahāparanirvāṇa-Sutra: »Disziplin ist die Leiter, die zu jeder heilsamen Wahrheit führt. Wie die Erde Grundlage für das Wachstum aller Bäume ist und für alles, was auf ihr lebt, so ist Disziplin die Basis für allen spirituellen Fortschritt. So, wie der Karawanenführer vor allen anderen Händlern einhergeht, so steht Disziplin vor allen Aspekten der Dharma-Praxis. Wie das Siegesbanner Indras, das über dem aller anderen Götter weht, ist Disziplin das Siegesbanner aller Wahrheit. Sie beendet den Weg, der ins Böse und alle üblen Daseinszustände führt.«

Die Praxis von Disziplin wird von allen Schulen des Tibetischen Buddhismus betont. Der bedeutende Sakya-Lama Drakpa Gyaltsen schrieb: »Wenn Selbstdisziplin von Anfang an geübt wird, besitzt man die Grundlage für das höhere Sein. Sie ist eine Stufe auf der Leiter zur spirituellen Befreiung und ein Mittel, das Elend und Schmerz überwindet. Ohne Selbstdisziplin ist keine Methode wirksam.«

Der unvergleichliche Kagyüpa-Meister Gampopa schrieb in seiner Abhandlung über den Stufenweg zur Erleuchtung *(lam rim)*, die »Juwelenschmuck zur Befreiung« heißt: »Besitzt man keine Selbstdisziplin, kann man keine Befreiung von den drei Bereichen des Weltenkreislaufes *(saṁsāra)* erlangen. Wenn der Pfad zur Buddhaschaft nicht vollständig ist, kann auch nicht vollkommene Erleuchtung erlangt werden. Besitzt man aber Selbstdisziplin, sind die Grundlagen für alles Gute und für Freude gelegt. Es ist wie mit der fruchtbaren Erde: verläßt man sich auf sie, wird die Ernte einer jeden Vollkommenheit vermehrt.«

Und auch der allwissende Lama der Nyingmapa-Schule, Long-chen Rapjam bemerkt in seiner Schrift »Schatz mündlicher Lehrüberlieferungen«: »Wurzel der Lehre ist die Disziplin, und dieselbe nicht einzuhalten, führt zum Übel. Ohne den Entschluß, sich selbst in dieser Weise zu schützen, wird die Wurzel der eigenen Dharma-Praxis bald verrotten. Disziplin muß man als Grundlage aller weiteren Vervollkommnung begreifen, als Leiter, die zum höheren Sein führt, als Reittier, auf dem man zur Befreiung gelangt. Unternimm deshalb jede Anstrengung, Selbstdisziplin zu hegen und zu pflegen.«

Schließlich schrieb der bedeutende Gelukpa-Meister Tsongkapa: »Ethische Disziplin ist wie Wasser, das die Befleckungen des Bösen abwäscht, wie Mondlicht, das die Hitze der Verblendung kühlt, wie die Strahlung eines Schneegipfels, der inmitten aller Lebewesen ruht, es ist die Kraft, die friedlich die gesamte Menschheit vereinen kann. Wahrheitssucher, die das erkennen, hüten sie wie ihren Augapfel. Ich als Yogi handle danach. Du als Wahrheitssucher solltest desgleichen tun.«

Wir können also sehen, welch großen Wert die gelehrten und erleuchteten Meister aller Schulen des Tibetischen Buddhismus wie auch die indischen Gelehrten der Praxis von Selbstdisziplin beimessen.

Disziplin ist ein kostbarer Schmuck, der glücklich macht, ganz gleich, ob er von jungen, alten oder Menschen in den mittleren Lebensjahren getragen wird. Sie ist Parfüm par excellence, das sein erfrischendes Aroma spontan in alle Richtungen gleichzeitig ausströmt und nicht wie gewöhnlich Parfüm vom Wind nur in eine Richtung fortgetragen wird. Disziplin ist eine unvergleichliche Salbe, die Linderung schafft, wo uns die unerträglichen Schmerzen der Verblendung quälen.

Selbst wenn man nicht zum Mönch ordiniert ist, stellt einen die Praxis der Selbstdisziplin über die anderen. Der Meister Vira schrieb: »Sich in Disziplin zu üben, bedeutet, es denen gleich zu tun, die spontan heilende Hinwendung üben. Disziplin, die Anteil hat am Wesen der unbeschmutzten Weisheit, ist ein reines Ornament, das frei von jedem Makel ist. Einem Mönch ist es untersagt, gewöhnliches Parfüm zu benutzen, aber Disziplin ist das süßeste Parfüm, das man in allen Gegenden der drei Welten finden kann. Dieses Parfüm zu benutzen, steht einem Mönch wohl an. Auch wenn man kein Mönch ist und das Leben eines Laien führt, steht man doch geistig über den gewöhnlichen Menschen, wenn man Selbstdisziplin übt.«

Besonders in unserem dekadenten Zeitalter ist es viel besser, Selbstdisziplin zu praktizieren, statt die Buddhas der drei Zeiten unablässig und sechsmal Tag und Nacht anzurufen und zu verehren. Die Praxis von Disziplin steht heutzutage über den vier Übungswegen vergangener Zeiten. In einer Zeit, wo die Lehre des Buddha in bezug auf Reinheit und Intensität im Verfall ist, kann die Einhaltung eines einzigen Mönchsgelübdes als heilsamer gelten als die Einhaltung aller Gelübde in vergangenen Zeiten. So heißt es im »Sutra des Königs der Versenkung«: »Ein Bewußtsein, das versunken ist in die Reinheit der Anbetung von Millionen von Buddhas für Äonen, die an Zahl den Sandkörnern des Flusses Ganga gleichen, das Opfer von Speisen, Getränken, Baldachinen, Gebetsfahnen und Ketten von Butterlampen (beinhaltet, ist gut) – aber in diesen Zeiten, da die Lehre des Tathāgata (Buddha) verblaßt und die Praxis des Dharma abnimmt, in diesen Zeiten also seine Gelübde Tag und Nacht zu halten, wahrlich, letzteres bringt mehr Verdienst hervor.«

Indem man alle wesentlichen Punkte des zu Unterlassenden und des zu Übenden beobachtet, wie es von dem machtvollen und transzendenten Buddha gelehrt worden ist,wird man zur Harmonie mit allen Wesen gelangen, die den spirituellen Weg gehen.

Andererseits: Sich Disziplin aufzuerlegen und dieselbe dann nicht einzuhalten, indem man die Gelübde übertritt, hat viele unerwünschte Folgen. Wenn man die Gesetze eines mächtigen weltlichen Herrschers übertritt, hat man immer noch die Chance, durch einen glücklichen Umstand der Bestrafung zu entgehen. Der Buddha jedoch war mehr als ein politischer Herrscher, seine Gebote waren nicht ohne Grund, Ursache und Zweck. Er gab die verschiedenen Gebote hinsichtlich dessen, was man tun und was man lassen soll, weil er die Notwendigkeit, sich selbst und andere physisch nicht zu schädigen, den Wert der Erkenntnis des Dharma und die heilsamen Wirkungen der Praxis von Selbstdisziplin erkannt hatte. Deshalb ist es nicht dasselbe, ob man die Gebote der Erleuchtung oder die

Gesetze eines Herrschers übertritt. In diesem Fall geht man vielleicht zugrunde, vielleicht auch nicht. Die Wirkungen von Übertretung der Disziplin aber werden in jedem Fall eines Tages eintreten und Leid verursachen.

Das »Sutra des Königs der Versenkung« sagt: »Sind die Beine der Disziplin schwach, kann man nicht zur Stadt der Befreiung wandern. Diejenigen, die keine Selbstdisziplin haben, werden weiter im Kreislauf der Geburten umherirren und unter Geburt, Alter, Krankheit und Tod leiden müssen.«

Die Vernachlässigung der Disziplin verursacht aber nicht nur diese schädlichen Wirkungen, sondern zusätzlich heißt es, daß keine der Wirkungen, die in den tantrischen Schriften beschrieben werden, eintreten können, auch wenn man die tantrische Praxis noch so intensiv ausübt, ohne gleichzeitig die Disziplin einzuhalten. Das »Mañjuśrī Wurzel-Tantra« sagt: »Der Buddha hat nicht gesagt, daß jene, die Gelübde übertreten, tantrische Kräfte *(siddhi)* erlangen können. Übertretung der Disziplin führt nicht auf den Weg oder in die Richtung des Nirvāṇa. Wie können die großartigen tantrischen Wirkungen jenen zukommen, die wie ungezogene Kinder nicht fähig sind, die Gelübde zu halten? Wie könnten sie auch nur günstige Wiedergeburt erlangen? Sie werden sich weder zu höhreren Wesen entwickeln noch andauernde Freude besitzen. Warum überhaupt von ihren leeren Hoffnungen sprechen, daß sie das erlangen könnten, was in den tantrischen Methoden, die der Buddha gelehrt hat, beschrieben wird?«

Um Selbstdisziplin zu praktizieren, muß man zuerst

die Fünf Bedingungen kultivieren. Bei der ersten geht es um die äußere Bedingung, mit Hilfe eines spirituellen Lehrers Disziplin zu erlernen, indem man nicht durch eigene Lektüre, sondern duch die Unterweisungen eines Meisters das, was die Schriften lehren, gründlich studiert. Nachdem man die Gebote klar verstanden hat, soll man sie nun bewahren und üben.

Die zweite Bedingung ist eine innere, und das heißt, daß man die Disziplin übt, indem man sich auf eine gute innere Motivation stützt. Das bedeutet den festen Entschluß, Achtsamkeit hinsichtlich der Gebote in jeder Lebenssituation zu bewahren, ob man sich bewegt, geht, liegt oder sitzt, und so die Gebote vollkommen zu praktizieren.

Die dritte Bedingung ist die Beachtung der Disziplin, indem man die Faktoren erwägt, die den Geboten entgegenstehen. Für einen voll ordinierten Mönch heißt das, die zweihundertdreiundfünfzig Regeln und die Verhaltensweisen, die ihnen widersprechen, genau zu kennen. Für einen Laien heißt das, die Gebote der Zuflucht, die Zehn Vorschriften und diejenigen der fünf Laiengelübde zu beachten, die er abgelegt hat.

Die vierte Bedingung bezieht sich darauf, wie man die Disziplin dadurch bewahrt, daß man alle abgelegten Gelübde streng achtet.

Die fünfte handelt davon, wie man Disziplin bewahrt, indem man sich auf die Bedingung des Verweilens in Freude stützt. Die beiden letzten müssen anhand solcher Schriften studiert werden, die sich ausführlich damit befassen.

Um Disziplin einhalten zu können, muß man sich der sogenannten vier Tore bewußt sein, durch die das Übel eintreten kann. Man soll also diese Tore verschließen. Das erste Tor ist die Unwissenheit. Wie schon erwähnt, ist das Heilmittel dagegen die intensive Beziehung zu einem geistigen Lehrmeister. Das zweite Tor ist die Respektlosigkeit. Das Heilmittel dagegen ist Respekt gegenüber dem Buddha, seinen Lehren, also dem Dharma, und den anderen Freunden des Dharma, also dem Samgha. Das dritte Tor ist die Gedankenlosigkeit. Das Heilmittel dagegen ist, sich achtsam auf alle Aspekte der Praxis zu konzentrieren und Aufmerksamkeit, Bescheidenheit und Rücksichtnahme zu üben. Man beobachtet beständig alle Prozesse des Körpers, der Rede und des Bewußtseins und wendet dabei diese Tugenden an. Das vierte Tor sind die Täuschungen und leidverursachenden Emotionen. Das Heilmittel dagegen ist die Beobachtung, welche dieser Emotionen vorherrschend ist, damit man ihr mit einem meditativen Gegenmittel entgegentreten kann. So begegnet man zum Beispiel der Lust durch Meditation über die Häßlichkeit. Ärger überwindet man durch Meditation über Liebe, Stolz durch Meditation über die verschiedenen Bereiche der Welt, Verwirrung durch Meditation über die Verursachung durch gegenseitige Abhängigkeit und so weiter. Auf dieser Grundlage soll man die Entstehung von Verblendungen beobachten, um sie schon kurz vor ihrem vollen Eintritt ins Bewußtsein überwinden zu können, so daß schließlich das Bewußtseinskontinuum nicht mehr unter den Einfluß der verschiedenen leidverursachenden Emotionen gerät.

Wenn man Übertretungen dieser Gebote hinnimmt

und unbereinigt läßt, so verdoppeln sie sich jeden Tag in bezug auf ihre Intensität. Deshalb ist äußerste Wachsamkeit geboten, und man sollte jede Bewußtseinsbeschmutzung sofort bereinigen.
Was sind die unmittelbaren positiven Auswirkungen der Bewahrung der Gelübde und Gebote? Disziplin schaltet ungünstige Aktivitäten von Körper, Rede und Bewußtsein aus. Als Folge davon erfährt man die Beruhigung des Bewußtseins, das mentale Umherschweifen von Objekt zu Objekt kommt zur Ruhe. Das hat innere Freude zur Folge. Wer beständig Achtsamkeit übt, indem er mit voller Bewußtheit und Wachheit alle Aspekte der Praxis verwirklicht, erlangt schnell und leicht die Kräfte der Versenkung *(samādhi)*.

Das höhere Training in meditativer Konzentration *(samādhi)*

Der zweite der drei höheren Aspekte des Bewußtseinstrainings ist meditative Konzentration, Versenkung oder *samādhi*. Die oben beschriebene Disziplin ist Voraussetzung dafür, *samādhi* zu kultivieren. Durch die äußere Disziplin werden Voraussetzungen geschaffen, die das Umherschweifen des Bewußtseins zu Objekten des Begehrens unterbinden. Die Bewußtseinsruhe wiederum führt dann unmittelbar in einen Zustand der Versenkung.
In diesem Zusammenhang wendet man bestimmte Methoden an, um die subtileren inneren Bewußtseinsbewegungen (verschiedene Betäubungs- und Erregungsphasen) zu beruhigen. Somit erreicht man *śa-*

matha, das stetige Ruhen des Geistes in einem Punkt, und dies ist der innere Kern von *samādhi*. Hat man diesen Zustand erreicht, kann man seine wohltuenden Wirkungen direkt erfahren, vor allem die Fähigkeit, mit unbeirrter Intensität über jeden spirituellen Inhalt zu meditieren, der wesentlich für den Fortschritt auf dem Weg zur Erleuchtung ist, ohne daß man von irgendwelchen Dingen oder Zuständen abgelenkt würde, die nicht zum Meditationsgegenstand gehören. Aus diesem Grunde ist es unerläßlich, daß man *śamatha* übt und kultiviert.

Als Vorbereitung für diese Übung muß man diszipliniert leben und sollte einen Ort bevorzugen, der einsam ist und geistigen Frieden fördert. Man sollte die Gesellschaft von zu vielen Menschen meiden und verhindern, daß das Bewußtsein von äußeren Objekten sinnlicher Erfahrung angezogen wird.

Die eigentliche Methode der Entwicklung von *śamatha* ist die vollkommene und andauernde Konzentration auf ein zuvor gewähltes Objekt. Es gibt verschiedene Arten von Objekten oder Themen, die als Meditationsobjekte in Frage kommen: ein alldurchdringendes Objekt, ein Objekt für analytisches Denken, ein Objekt der Weisheit, ein Objekt gereinigter Verblendung und so weiter. Ein einfaches und doch sehr wirksames Objekt, das heutzutage viel Verwendung findet, ist ein Bild des Tathagata, des Buddha.

Man sitzt mit gekreuzten Beinen im Lotussitz. Die Wirbelsäule ist gerade, und die Hände sind ineinandergelegt. Zähne und Lippen liegen entspannt aufeinander, und die Zunge berührt den oberen Gaumen. Der Kopf ist ein ganz klein wenig geneigt, die Schultern sind entspannt, und die Augen schauen halbgeöffnet nach vorn. Während der Körper in dieser aufrechten und entspannten Haltung ruht, richtet man die innere Aufmerksamkeit auf ein Objekt – zum Beispiel ein Bild des Buddha Śākyamuni –, das man, auf diesen einen Punkt konzentriert, visualisiert. Während der Meditation benützt man die acht Gegenmittel gegen die fünf Fehler und Unzulänglichkeiten.

Am Anfang ist Trägheit das Haupthindernis für *samādhi*. Dagegen kann man vier Gegenmittel anwenden: Glaube, der auf der Erkenntnis beruht, daß die Wirkungen von *samādhi* heilsam sind; die Motivation für ein ungeteiltes Interesse, *samādhi* zu entwickeln; enthusiastische Ausdauer bei der Übung von *samādhi* und der selige Bewußtseinszustand, der das Resultat der unablässigen Übung ist.

Ist man in das Stadium der Konzentration eingetreten, so sind die beiden Haupthindernisse für weiteren Fortschritt Erschlaffung und Erregung des Bewußtseins. Das Gegenmittel ist, während der Meditation aufmerksam zu beobachten, ob eines dieser beiden Probleme aufgetaucht ist. Ist dies der Fall, muß man diesen Zustand sofort erkennen und durch erhöhte Aufmerksamkeit überwinden.

Das häufigste Hindernis für die Entwicklung von *samādhi* im Anfangsstadium des Übungsweges ist eine Art mentaler Benebelung, die einen schläfrigen Zustand zur Folge hat und mit einem Gefühl physischer Schwere und unklarer Visualisation einhergeht. Selbst wenn die Visualisierung klar und stetig sein sollte, fehlt ihr die Strahlkraft. Dies nennt man die grobe Form der Erschlaffung, und man vergleicht sie mit dunklem

Nebel, der sich über das Bewußtsein senkt. Andererseits aber kann das Objekt auch mit voller Strahlkraft erscheinen, aber vielleicht fehlt dann die Kraft, es stabil und fest zu halten. Dies nennt man die subtile Form der Erschlaffung, und man vergleicht dieselbe mit einem Seil, das nur schlaff gespannt ist.

Das nächste Hindernis ist die geistige Erregung. Sie tritt auf, wenn die Gedanken sich in angenehmen Vorstellungen und Bildern ergehen und deshalb umherschweifen. Der Zustand verschlimmert sich, wenn man nicht sofort ein Gegenmittel anwendet. Diese Gefahr der Laschheit im Umgang mit dem eigenen Bewußtsein ist das nächste Problem.

Sollte man nun aber korrekt praktizieren und doch nicht in dem auf einen Punkt konzentrierten Strom des Bewußtseins verweilen können, obwohl weder Erschlaffung noch Erregung auftreten, handelt es sich um das fünfte Hindernis: das Übermaß in der Anwendung der meditativen Gegenmittel gegen die eben genannten Hindernisse. Jetzt ist das Mittel dies, daß man ganz ruhig wird, ohne irgendwelche Bewußtseinskräfte bewußt in diesem oder jenem Sinn anzuwenden. Weder angespannte Wachheit noch bewußte Entspannung werden jetzt innerlich oder äußerlich erzeugt.

Ist man in der Lage, diese Gegenmittel gegen alle Hindernisse geschickt und mit Erfolg anzuwenden, wird man schließlich die Anzeichen für den Zustand von *samādhi* sowie auch eine beglückende Biegsamkeit von Körper und Geist selbst erfahren.

Diese Ausführungen zur Methode der Entwicklung von *śamatha* und *samādhi* sind sehr knapp. Um wirklich üben zu können, muß man die Methoden verstehen, die angewendet werden, um die Neun Stadien der mentalen Konzentration durch die Sechs Kräfte, wie sie von den frühen indischen buddhistischen Meistern in den Schriften niedergelegt sind, zu erlangen. Außerdem sollte man dazu Belehrungen aus dem Mund eines berufenen und erfahrenen spirituellen Meisters empfangen.

Das höhere Training in Weisheit *(prajñā)*

Wenn man zur transrationalen, beseligenden und klaren Versenkung gelangt ist, in der es möglich wird, das Bewußtsein ungeteilt und beliebig lange auf ein Meditationsobjekt zu richten, kann man nicht nur ohne jede Ablenkung meditieren, sondern die Fähigkeit zur Analyse der spirituellen Dinge erhöht sich in unvergleichlichem Maße. Man muß nun diese Fähigkeit nutzen, um sich im höheren Training der Weisheit zu üben. Dabei wird die ich-lose Natur aller Objekte der Erkenntnis untersucht und erkannt.
Der Grund für dieses Training in Weisheit ist der, daß bloße Versenkung ohne Weisheit, die das ich-lose Wesen aller Erscheinungen erkennt, nicht in der Lage ist, die Verblendungen und leidverursachenden Emotionen wie etwa die Egozentriertheit zu überwinden. Dies ist aber nötig, um das Rad des Kreislaufs der Geburten zum Stillstand zu bringen. Selbst wenn man äonenlang in *samādhi* verweilte, könnte man doch nicht zur Befreiung gelangen, wenn die Versenkung nicht mit Weisheit gepaart ist. Deshalb also muß man Weisheit, die Ich-losigkeit erkennt, erlangen.

Zu Beginn ist die Einsicht in die Gründe und Formen der Entstehung des Ich-Gefühls unerläßlich und am wichtigsten. Danach kann man dieses »Ich« durch die Weisheit der Ich-losigkeit überwinden.

Die Natur des »Ich«, das es zu überwinden gilt, und die Art der Erfahrung der Ich-losigkeit ist in den vier philosophischen Hauptschulen des Buddhismus unterschiedlich interpretiert worden.

Im Hīnayāna beginnt der Prozeß der Entwicklung von Weisheit mit der Kontemplation über die allgemeinen und besonderen Übel des Kreislaufs der Wiedergeburten. Dadurch entwickelt man den unerschütterlichen Wunsch, Befreiung aus dem *saṁsāra* zu erlangen. Die Śravakas (Hörer) und diejenigen, die den Pfad der Pratyekabuddhas (Alleinverwirklicher) gehen, widmen sich nun hauptsächlich dem Studium und der Kontemplation der Lehre, damit sie individuelle Erleuchtung erlangen können. Zuerst meistern sie die Stufen der Vorbereitung und Ansammlung, das heißt, daß alles, was spirituell gut ist, im Bewußtsein angesammelt wird.

Man erreicht das Stadium der Anwendung, wenn man die Weisheit erlangt hat, die zur Meditation von *śamatha* (stetiges Ruhen des Geistes in einem Punkt) und *vipaśyanā* (tiefe Einsicht in die Leere) befähigt und ein tieferes Verständnis der Ich-losigkeit ermöglicht.

Drittens kommt man zur Stufe der Einsicht, wenn man völlig konzentriert über die Bedeutung der Ich-losigkeit meditiert und direkte Einsicht in die *Soheit* und *dharmadhātu* (die wirkliche Natur der Dinge) erreicht hat.

Auf der Grundlage dieses andauernden Weisheitsbewußtseins, das die Ich-losigkeit vollkommen erkennt, überwindet man nun allmählich die großen und kleinen Verblendungen, die auf dem Weg der Meditation beseitigt werden müssen.

Schließlich überwindet man durch vollkommene Versenkung in der Meditation auch noch die allersubtilsten Täuschungen und wird zu einem *Arhant* im Sinne des Śravaka oder Pratyekabuddha.

Im Mahāyāna gehen wir von einer breiteren Motivation aus, nämlich vom altruistischen Erleuchtungsgeist *(bodhicitta)*, durch den man um andere mehr besorgt ist als um sich selbst, und von allen Handlungen, die aus diesem Altruismus folgen, vor allem die Sechs oder die Zehn Vollkommenheiten. Durch diese Praxis überschreitet man Schritt für Schritt das Stadium der Vorbereitung und Ansammlung und gelangt zu direkter Einsicht in die Leere. Dies charakterisiert den klaren Pfad der Einsicht und die erste Ebene der Bodhisattvaschaft, den Pfad der Befreiung. Zuerst wird die erste der Zehn Vollkommenheiten, nämlich Freigiebigkeit, an Stärke gewinnen. Allmählich entwickelt man dann die anderen neun Ebenen der Bodhisattvaschaft, und jede ist gekennzeichnet durch die Herausbildung der ihr entsprechenden Tugend.

Auf den ersten sieben Ebenen der Bodhisattvaschaft, die auch die »ungereinigten Ebenen« heißen, überwindet man allmählich die mittleren und größeren Hindernisse auf dem Weg der Meditation. Auf der achten Ebene der Bodhisattvaschaft überwindet man nun die subtilen Hindernisse. Von diesem Augenblick an besteht das Haupthindernis in der noch andauernden Verdunklung des Bewußtseins, die Allwissenheit verhindert. Schließlich gelangt man zur letzten Stufe des Weges, auf der auch die ganz subtilen Hindernisse beseitigt werden, so daß die allwissende Weisheit aufleuchtet, durch die man alle Objekte des Wissens in ihrem reinen Sosein direkt erfahren kann.

3.8 Liebe und heilende Hinwendung

Wie immer wir im einzelnen das Leben betrachten und wie verschieden unsere Weltanschauungen auch sein mögen, so gibt es doch eine Grundlage, die allen Menschen gemeinsam ist: Wir verspüren Verlangen nach Frieden, Sicherheit und Glück. Lebewesen, die sich auf unterschiedlichen Existenzebenen befinden, bevölkern dichtgedrängt und in großer Zahl diese Erde. Ob sie nun zu den höheren Arten zählen, zu denen auch der Mensch gehört, oder ob sie niederen Lebensformen zugerechnet werden wie etwa die Tiere – alle streben nach Frieden, Zufriedenheit und Sicherheit. Für eine stumme Kreatur ist das Leben ebenso wertvoll wie für den Menschen. Selbst die niedrigsten Insekten schützen sich gegen Gefahren, die ihr Leben bedrohen. So, wie jeder von uns Glück möchte und Schmerz zu vermeiden trachtet, so, wie jeder von uns leben und nicht sterben möchte, so empfinden auch alle anderen Kreaturen.

Die Fähigkeit des Denkens, die Vernunftbegabung also, die Möglichkeit, sich verständlich auszudrücken, unterscheidet den Menschen von seinen stummen Freunden, und er erweist sich damit als ein höheres Wesen. Im Streben nach Frieden, Zufriedenheit und Sicherheit wendet der Mensch verschiedene Methoden an, die gelegentlich einander völlig widersprechen können. Allzu oft sind die Mittel, deren er sich bedient, grausam und abstoßend. Er kann sich zutiefst unmenschlich verhalten, wenn er grausam ist, seine Mitmenschen und auch Tiere quält, und zwar einfach deshalb, weil er sich irgendeinen Vorteil davon verspricht. Ein solches Verhalten ist heute beinahe an der Tagesordnung, und dies schafft übermäßige Leiden, die sowohl den übel Handelnden selbst als auch alle anderen betreffen. Wir sind als Menschen geboren worden, und darum ist es für uns lebenswichtig, daß wir uns den anderen Wesen wohlwollend zuwenden, daß wir verdienstvolle Handlungen üben, die uns selbst und allen anderen in diesem wie in zukünftigen Leben Nutzen bringen. Als Mensch geboren zu sein ist eine seltene Chance, und es ist weise, diese wunderbare Möglichkeit voll auszuschöpfen und so klug wie nur möglich zu nutzen.

Der Buddhismus betont universale Liebe und heilende Hinwendung. Er ist von den Idealen der Gewaltlosigkeit und Friedfertigkeit ganz und gar erfüllt. Somit bietet er eine einzigartige und universale Möglichkeit an, jene Sicherheit und jenes Glück verwirklichen zu helfen, nach dem sich alle Wesen so sehr sehnen, und alle Menschen wie Tiere können davon profitieren. Man kann ohne Übertreibung sagen, daß liebende Güte und heilende Hinwendung die Ecksteine sind, auf denen das gesamte Gebäude des Buddhismus errichtet ist. Vernichtung oder Verletzung von Leben ist strikt verboten. Irgendeinem Lebewesen wehe zu tun muß unter allen Umständen vermieden werden, und das gilt von den höchsten bis zu den niedrigsten Formen, vom Menschen bis zu den winzigen Insekten. Der Gesegnete (Buddha) hat gesagt: »Verletze kein

anderes Wesen. So, wie du ein liebendes Gefühl entwickelst, wenn du einen geliebten Menschen erblickst, so sollst du liebende Güte zu allen Wesen entwickeln.«
Diejenigen, die dem Mahāyāna-Buddhismus folgen, werden ermahnt, anderen Wesen nicht nur nicht wehe zu tun, sondern auch die große heilende Hinwendung *(mahākaruṇā)* zu allen Lebewesen zu kultivieren, und das schließt das starke Verlangen ein, alle Lebewesen von Schmerz und Elend befreien zu wollen.
Die Entwicklung von *mahākaruṇā* im Bewußtsein bereitet den Boden dafür vor, daß der kostbare Erleuchtungsgeist *(bodhicitta)* Frucht tragen kann, der notwendige Bedingung für die Erlangung der höchsten Ebene der Bodhisattvaschaft ist. Ein Bodhisattva ist derjenige, dessen Bewußtsein von reiner heilender Hinwendung und Gleichmut erfüllt ist. Dies sind Eigenschaften, die aus dem Erleuchtungsgeist erwachsen. Da alles, was wir in unserem täglichen Leben tun, Resultat unserer zuvor gedachten Gedanken ist, sind letztlicher Frieden und Buddhaschaft das Resultat des Erleuchtungsgeistes und der heilenden Hinwendung.
Der Buddha hat gesagt: »Erleuchtungsgeist ist der Same aller Dharmas.« Ācārya Nāgārjuna fügte hinzu: »Wenn du die höchste Bodhisattvaschaft erlangen willst, mußt du den Erleuchtungsgeist kultivieren, der fest wie Stein sein sollte.« Ein anderer buddhistischer Gelehrter, Ācārya Candrakīrti, schrieb: »Anfangs ist heilende Hinwendung *(mahākaruṇā)* wie ein Same, später wird sie wie Wasser und Dünger, um schließlich am Ende eine reife Frucht zu sein.«
All diese Zitate verdeutlichen die unvergleichliche Wirkungskraft des Erleuchtungsgeistes. Die Absicht, Gutes

zu tun und beständig das Wohl der anderen im Herzen zu haben, schafft eine gute Atmosphäre um uns herum und macht die Menschen glücklich. Böses mit Gutem, Unrecht mit Wohlwollen, Haß mit Liebe und Schaden mit heilender Hinwendung zu vergelten, ist das Wesen des Erleuchtungsgeistes. Wohlwollendes Handeln und liebende Güte, die Böses nicht mit gleicher Münze heimzahlen, bereiten anderen Freude.

Man kann den Erleuchtungsgeist mittels verschiedener Methoden kultivieren. In jedem Fall aber geht man von der Tatsache aus, daß der Geburtenkreislauf anfangslos ist und daß die Wesen in vorigen Geburten unzählige Male in der Rolle unserer Mutter gewesen sind. Das Verhältnis der Mutter zum Kind ist das klassische Beispiel für Liebe. Für die Sicherheit und das Wohlergehen der Kinder ist eine Mutter bereit, ihr Leben zu opfern. Angesichts dessen sollten Kinder ihren Müttern äußerst dankbar sein und dieser Dankbarkeit dadurch Ausdruck verleihen, daß sie tugendhaft handeln. In gleicher Weise strebt eine Person, die durch den Erleuchtungsgeist motiviert ist, mit aller Intensität nach dem Wohl der anderen Wesen, seien es Menschen oder Tiere zu Lande und zu Wasser. Der Betreffende wird alle Wesen so behandeln, als wären sie seine Mutter. Die Kultivierung von heilender Hinwendung und liebevoller Güte zu allen Lebewesen bringt einem selbst und den anderen Frieden und Glück. Böser Wille, Groll und von Haß bestimmte Handlungen sind dagegen eine Quelle des Leidens für alle.

Die Lebewesen, die diese Erde bevölkern, sind hier, um jedes in seiner Weise dazu beizutragen, die Schönheit und das Wohlergehen in der Welt zu vermehren. Viele haben sich einzeln und gemeinsam abgemüht, um das Leben lebenswerter zu machen. Die Speisen, die wir essen, die Kleidung, die wir tragen, sind nicht einfach vom Himmel gefallen. Viele haben gearbeitet, um sie zu produzieren. Aus diesem Grunde müssen wir allen Mitkreaturen gegenüber Dankbarkeit empfinden. Heilende Hinwendung und liebevolle Güte sind Garantien für geistige Reife und Glück. Wir wollen sie um aller anderen Wesen willen praktizieren.

3.9 Erleuchtungsgeist

Alle Religionen stimmen im wesentlichen darin überein, daß sie ethische Gebote verkünden, die das Handeln von Körper, Rede und Geist regulieren sollen. Alle lehren uns, nicht zu lügen und falsches Zeugnis zu geben, nicht zu stehlen oder zu töten und vieles mehr. Daß es so viele verschiedene Religionen gibt, um die Menschen wahrhaft glücklich zu machen, findet seine Analogie in der Behandlung unterschiedlicher Krankheiten durch verschiedene Therapien. Obwohl wir logische Gründe dafür angeben können, daß wir gewisse Interpretationen der religiösen Lehren anderen vorziehen, gibt es jedoch noch viel gewichtigere Gründe für die Einigkeit, und diese Gründe wurzeln im Herzen. Unter den gegenwärtigen Umständen in der Welt ist es besonders wichtig, daß die Anhänger verschiedener Religionen ein großes Maß an Eintracht entwickeln. Solche Einigkeit ist keineswegs ein unrealistisches Ideal.

Das zentrale Thema des Tibetischen Buddhismus ist der Erleuchtungsgeist. Wir glauben, daß das Konzept des Erleuchtungsgeistes sehr weitreichend und geeignet ist, Zusammenarbeit zwischen den Anhängern verschiedener Religionen zu bewirken. Wir glauben, daß die Bemühung darum als solche bereits große Wirkungen zeitigen wird. Der Buddha hat den Erleuchtungsgeist auch nach unzähligen Opfern und sehr intensiver

Übung in konzentrierter Anstrengung erlangt. Drei unendlich lange Äonen übte er die Taten eines Bodhisattva aus, opferte sich auf und ging durch unsäglich schwere Zeiten, um auf diese Weise sowohl Verdienst als auch Weisheit zu akkumulieren. In Bodh Gaya schließlich erlangte er die höchste Erleuchtung, die Buddhaschaft. Er befreite sich von dem Elend, das daher rührt, daß der Mensch an den weltlichen und subtilen Dingen anhaftet, erreichte vollkommene Ausgeglichenheit und gelangte damit zu unbeschreiblichem Frieden, den man Nirvāṇa nennt, wo es keinerlei Befleckung mehr gibt. Seine Intelligenz vervollkommnete sich bis zu dem Punkt, wo auch nicht mehr der kleinste Irrtum oder die subtilste Täuschung auftritt. Und so konnte er die vielen Formen der Lehre des Heiligen Dharma in Bewegung setzen, indem er die Vier Edlen Wahrheiten und das Entstehen in gegenseitiger Abhängigkeit auf dem Hintergrund der Erkenntnis der zwei Wahrheitsebenen, nämlich der relativen und der absoluten, lehrte.

Die Inspiration dafür, den unaussprechlichen Erleuchtungsgeist zu erlangen, kann so formuliert werden: »Ich muß das höchste Stadium allwissender Buddhaschaft erlangen, damit ich alle lebenden Wesen aus dem Ozean des Leides *(saṁsāra)* befreien kann und ihnen helfe, zum letztgültigen Glück *(nirvāṇa)* zu gelangen.« Diese Inspiration bringt die Sehnsucht hervor, alle Energie der Mahāyāna-Praxis zu widmen. Sie ist die Wurzel für die Taten eines Bodhisattva: vor allem Freigiebigkeit, Tugend, Geduld, Ausdauer, Meditation und Weisheit. Die ersten drei führen zur Ansammlung von Tugend. Die letzten beiden führen zur

Ansammlung von subtiler Weisheit. Und die vierte, Ausdauer, führt zur Akkumulation sowohl von Tugend als auch von Weisheit.
Der Schlüssel zur Praxis des Mahāyāna-Buddhismus in Tibet ist die doppelte Koordinierung auf jeder Ebene, nämlich die gleichzeitige Praxis von Tugend und Weisheit, Methode und Erkenntnis, Tantra und Sutra, relativer und absoluter Wahrheit.
Gleichzeitig muß man alle inhärenten moralischen Werte der Lehren des Buddha sorgfältig beachten, beispielsweise vermeiden, anderen Leid zuzufügen, und den Geist liebevoller Güte entwickeln. Unter dem Gesichtspunkt des Erleuchtungsgeistes ist es das Ziel, ununterschiedene heilende Hinwendung zu allen Lebewesen zu entwickeln, ohne Ansehen der Rasse, der Nationalität, der Klasse, der Religion und ungeachtet des Vorurteils, daß es sich um Freunde oder Gegner handelt. Auf der Basis einer solchen Haltung könnten die großen Völker der Welt endlich aufhören, jedes und alles um ihres Machtzuwachses willen zu manipulieren, handele es sich nun um heilige oder profane Dinge. Statt dessen könnten sie dadurch eine friedvolle Welt herbeiführen, daß das Bewußtsein der Menschen in Übereinstimmung mit dem unerschöpflichen Schatz des Dharma geformt wird.

3.10 Buddha-Dharma und Gesellschaft

Seit Jahrhunderten reden die Menschen von Gerechtigkeit, Harmonie und Frieden. In unserer Zeit des materiellen Überflusses und erstaunlicher Errungenschaften in Wissenschaft und Technologie scheinen wir uns dieser hohen Ideale immer weniger bewußt zu sein, je ausgeklügelter und technologisierter unser äußerliches Leben wird. Und doch gibt es keinen Zweifel, daß diese Ideale absolut notwendig sind, denn ohne ihre Verwirklichung steht das Überleben der Menschheit auf dem Spiel. Als Anhänger des Buddha-Dharma haben wir unseren Beitrag zur Verwirklichung dieser Ideale zu leisten.

Die Verwirklichung von Gerechtigkeit, Harmonie und Frieden hängt von vielen Faktoren ab. Sie müssen unter dem Gesichtspunkt des langfristigen Nutzens für die Menschheit betrachtet werden. Ich bin mir der Schwierigkeit der Aufgabe, die vor uns liegt, bewußt. Aber wir haben keine Alternative. Die Welt ist zusammengeschrumpft und mehr denn je zuvor von gegenseitiger Abhängigkeit geprägt. Die Völker haben gar keine andere Wahl, als sich um das Wohlergehen der anderen Völker zu kümmern, nicht nur aus humanitären Gründen, sondern weil es in ihrem Eigeninteresse liegt. Unter diesen Umständen ist es nötig, daß das Verständnis zwischen den Menschen wächst und sich alle ihrer universalen Verantwortung bewußt werden. Der Schlüssel für die Verwirklichung dieser hohen Ideale ist die Entwicklung eines Gefühls von Mitmenschlichkeit und eines guten Herzens, ohne die wir nicht hoffen können, universales Glück und dauerhaften Frieden zu schaffen.

Ich glaube aber noch aus einem weiteren Grund an die Notwendigkeit des Verständnisses und der Harmonie zwischen den Menschen, nämlich einfach deshalb, weil wir alle Menschen sind. Geographische, kulturelle und physische Unterschiede betreffen nur das Äußere. Selbst Unterschiede im Glauben oder in der Ideologie werden überwunden, wenn wir uns als menschliche Wesen begreifen. Wir alle streben nach Glück und möchten Leid vermeiden, und das trifft auf jeden Menschen zu. Jeder hat das Recht auf Glück. Letztlich haben wir alle dieselben Hoffnungen und Bestrebungen, und wir gehören alle zu der einen menschlichen Familie.

Der Buddhismus ist eine der vielen Religionen, die uns Selbstlosigkeit und heilende Hinwendung zu allen Wesen lehren. Er lehrt uns, menschlich und altruistisch zu sein, von anderen ebenso zu denken wie von uns selbst. Unsere täglichen Gedanken und Handlungen sollten auf das Wohl der anderen ausgerichtet sein. Der Mahāyāna-Buddhismus betont das Selbstopfer und Altruismus, während es im Hīnayāna vor allem darum geht, anderen keinen Schaden zuzufügen. Die Praxis des Buddhismus ist deshalb in ihrem Kern: unter keinen Umständen anderen zu schaden und andern soviel wie möglich zu helfen.

In der Gesellschaft müssen wir heilende Hinwendung und Toleranz nicht nur gegenüber unseren Verwandten und Freunden üben, sondern auch gegenüber unseren Gegnern. Das ist der Prüfstein unserer Stärke und Tugend, und deshalb legt der Mahāyāna-Buddhismus auf diesen Aspekt den allergrößten Wert. Geben wir durch unser eigenes Verhalten kein Beispiel, so können wir nicht darauf hoffen, andere vom Wert des Dharma durch bloße Worte zu überzeugen. Das letztgültige Ziel des Buddhismus – und eigentlich aller Religionen – ist es, dem Menschen zu dienen. Aus diesem Grunde müssen wir uns dafür einsetzen, daß der Buddhismus immer zum Glück und Frieden des Menschen beiträgt und nicht dazu mißbraucht wird, andere zu bekehren oder anderweitig auszunutzen.

In einer Welt, die ständiger Veränderung unterworfen ist, sind es vor allem zwei Dinge, die Buddhisten beachten sollen. Das erste ist die Selbstprüfung. Wieder und wieder müssen wir unsere Einstellung gegenüber anderen prüfen und uns ständig beobachten, ob wir uns angemessen verhalten. Bevor wir auf andere zeigen, sollten wir den Finger auf uns selbst legen. Zweitens müssen wir bereit sein, unsere Fehler einzugestehen und uns korrigieren zu lassen.

Es gibt keinen Zweifel, daß der Dharma des Buddha unfehlbar ist. Aber im Verlauf der Jahrhunderte haben sich soziale und traditionelle Gewohnheiten eingeschlichen, vor allem als der Buddhismus zur Weltreligion wurde und in vielen verschiedenen Ländern mit unterschiedlichen Traditionen – einschließlich unseres eigenen Landes, in dem der Buddhismus bis vor zwanzig Jahren blühte – praktiziert wurde. Nach sorgfältiger Prüfung sollten wir bereit sein, solche Dinge aufzugeben, die nicht länger nützlich oder sinnvoll sind.

Die Lehren des Buddha gliedern sich auf in Hīnayāna, Mahāyāna und Tantrayāna, wobei letzteres ein wichtiger Teil des Mahāyāna ist. Unwissenheit und Mangel an Einfühlung und tieferem Verständnis der eigentlichen Bedeutung dieser Pfade haben zu falschen Eindrücken und Mißverständnissen hinsichtlich ihrer Interpretation geführt. Aus diesem Grunde möchte ich etwas darüber sagen, wie diese Lehren in Tibet studiert und praktiziert wurden, und ich habe die Hoffnung, daß dies falsche Informationen ausräumen und zu besserem Verständnis beitragen wird.

Der Buddha Śākyamuni hat zu seinen Lebzeiten viele Predigten gehalten und Instruktionen gegeben. Daraus sind später die vier philosophischen Hauptschulen des Buddhismus, Vaibhāṣika, Sautrāntika, Cittamātra und Mādhyamika, und die beiden Systeme der Praxis und Erfahrung, das Śravaka Pratyekabuddhayāna und das Bodhisattvayāna, entstanden. In Tibet sind all diese Lehren intensiv praktiziert worden. Obwohl Tibet schließlich das Mādhyamika-System übernommen hat, hat man doch niemals auf die anderen Schulen herabgeschaut. Die anderen Systeme sind mit gleichem Enthusiasmus und Interesse studiert worden, und man hat erkannt, daß sie hilfreich sind, die tiefere Bedeutung der jeweils anderen Schulen zu erkennen. Verhaltensnormen entsprachen immer dem Vinaya-System, das aus dem Hīnayāna-Buddhismus stammt. Hīnayāna besteht aus vier Hauptschulen, nämlich Mahāsaṁghika, Sarvāstivāda, Sthavira und Sammitīya, die sich wiederum in achtzehn Richtungen aufgliedern. Heute gibt es nur noch zwei von ihnen, Sarvāstivāda und Sthavira.

In Tibet praktiziert man Vinaya nach der Tradition der Sarvāstivādins, während man in anderen Ländern wie etwa Sri Lanka der Sthavira-Tradition folgt. Zwischen den beiden gibt es keine sehr großen Differenzen; sie unterscheiden sich vor allem hinsichtlich der Zählung und der Einhaltung oder Weglassung bestimmter sekundärer Regeln. So müssen zum Beispiel nach der Tradition der Sarvāstivādins die Mönche zweihundertdreiundfünfzig Regeln beachten, während es nach der Sthavira-Tradition nur zweihundertsiebenundzwanzig sind. Und so gibt es weitere kleine Unterschiede, vor allem bezüglich der Klassifizierung der möglichen Übertretungen der Regel.
Wie ich schon sagte, haben die tibetischen Buddhisten nicht nur große Hochachtung vor dem Hīnayāna, sondern sie versuchen auch, die Observanzen des Hīnayāna in ihre Verhaltensnormen im täglichen Leben zu integrieren, während sie aber innerlich danach trachten, den Erleuchtungsgeist zu entwickeln und das Tantrayāna im Geheimen zu praktizieren.
Im Mahāyāna strebt man nach der Buddhaschaft um der anderen willen. In Übereinstimmung damit beachtet man die sechzehn Aspekte der Vier Edlen Wahrheiten, wie zum Beispiel die Vergänglichkeit aller Erscheinungen, und die siebenunddreißig Übungen für die Erleuchtung. Natürlich praktiziert man im Mahāyāna vor allem die Sechs oder Zehn Vollkommenheiten *(paramitas)* und die vier Methoden, Schüler zu gewinnen.
Im Vajrayāna (Tantrayāna) gibt es vier Tantraklassen: Kriyā-, Caryā-, Yoga- und Anuttarayoga-Tantra. Hier handelt es sich im wesentlichen um einen Weg, auf dem der Übende versucht, die subtileren Bewußt-

seinsebenen zu aktivieren, indem er die Bewegung der Bewußtseinsenergien dadurch stabilisiert, daß er sich in Einheit von *śamatha* (stabilisierende Meditation) und *vipaśyanā* (analytische Meditation) auf die verschiedenen Kanäle und Energieströme im Körper konzentriert. Neuerdings besteht an diesen Dingen wieder ein großes Interesse, und viele Menschen betonen die Ähnlichkeit zwischen nicht-buddhistischen (hinduistischen) und buddhistischen Tantras bis dahin, daß sie sagen, es bestünde kein Unterschied zwischen beiden. Ich bin der Meinung, daß dies ein grobes Mißverständnis ist, und glaube, daß man die buddhistischen Tantras klarer verstehen würde, wenn man nicht aus der Ähnlichkeit in gewissen Praktiken auf Gleichheit der Systeme schließen würde. Sonst könnten wir ja auch genausogut sagen, daß die Lehren der buddhistischen Sutras identisch mit nicht-buddhistischen Lehren seien, denn beide entwickeln gewisse Ähnlichkeiten wie etwa in den Lehren über die Meditation *(dhyāna)* und die »Angleichungen zur Wiedergeburt im formlosen Bereich« *(arūpasamapatti)*. Schaut man aber genauer hin, so ist deutlich, daß die Grundlage, auf der Tantrayāna aufbaut, völlig verschieden ist von den Grundlagen der nicht-buddhistischen Tantras, denn die buddhistischen Tantras beruhen auf dem altruistischen Erleuchtungsgeist *(bodhicitta)* und der Lehre von Nicht-Selbst *(anātman)*.

Gewiß, man unternimmt überall in der Welt große Anstrengungen, um zu Einigkeit und besserem Verständnis unter den Religionen zu gelangen. Das ist sehr wichtig. Wir müssen uns aber im klaren sein, daß es keine schnellen und einfachen Lösungen gibt. Wir können nicht die Unterschiede verschweigen, die zwischen den verschiedenen Religionen bestehen, und wir können auch nicht darauf hoffen, die existierenden Glaubenssysteme durch einen universalen Glauben ersetzen zu können. Jede Religion hat ihre einzigartigen Eigenschaften, die sie von anderen Religionen unterscheidet, und sie kann demzufolge auch einen je spezifischen Beitrag leisten. Jede ist in ihrer Weise für eine bestimmte Gruppe von Menschen geeignet. Alle Religionen zielen darauf ab, den Menschen zu einem besseren Menschen zu machen, und ich bin der Meinung, daß wir dazu alle verschiedenen Religionen brauchen.

Wenn wir Harmonie und guten Willen nicht nur unter Buddhisten verschiedener Richtungen, sondern auch unter Menschen verschiedener Religionen schaffen wollen, müssen wir zum besseren Verständnis der Religionen und gegenseitiger Achtung beitragen. Vor allem aber dürfen wir Religion niemals für selbstsüchtige Interessen, etwa zur Identitätsgewinnung der einen Gruppe auf Kosten einer anderen, mißbrauchen.

Wie schwer es auch sein mag, diese hohen Ziele zu erreichen, wir sind es der Menschheit schuldig, keine Anstrengung zu scheuen. Ich hoffe, daß in Zukunft die Buddhisten aus unterschiedlichen Traditionen einander besser verstehen werden und daß, auf breiterer Basis, ein Sinn für universale Verantwortung und Brüderlichkeit aller Religionen entwickelt werden kann.

3.11 Fragen und Antworten

Frage: Eure Heiligkeit, Sie haben hier in Dharamsala und auch während Ihrer Reisen im Westen vielseitigen Kontakt zu westlichen Menschen gehabt, die gegenwärtig ein tiefes Interesse an tibetischen spirituellen Traditionen zeigen. Immer wenn der Buddha-Dharma in der Vergangenheit von einer neuen Kultur aufgenommen worden ist, veränderte er sich dabei so, daß er eine möglichst große Wirkung auf das Bewußtsein der Menschen ausüben konnte. Was kann verändert werden in bezug auf den Dharma im Westen, und was nicht?

Antwort: Die wesentlichen Aspekte der Dharma-Praxis sollten nicht verändert werden. Beispielsweise werden *bodhicitta,* die altruistische Einstellung, nach Buddhaschaft zu streben, um allen Wesen zu helfen, und *śūnyatā,* die Leere als letztgültige Natur des Geistes und aller Dinge, als Grundlagen für den Übenden unentbehrlich sein. Um zum Wesen dieser Übungen vorzustoßen, können sekundäre Details wie die Aufeinanderfolge der verschiedenen Methoden, die Besonderheiten der damit verbundenen Visualisierung usw. entsprechend den unterschiedlichen Voraussetzungen der Übenden geändert werden.

Es mag gewisse Unterschiede in der Praxis im alten Indien und in Tibet gegeben haben, doch die wesentlichen Faktoren von *bodhicitta,* dem Herzstück des Ma-

hāyāna, waren identisch. Die Unterschiede betrafen nur die Frage, wie *bodhicitta* verwirklicht werden soll. Selbst in Indien kannte man dazu verschiedene Methoden, wie zum Beispiel den »Austausch der Eigenliebe für die Liebe zu anderen«, wie sie in Śāntidevas »Eintritt in das Leben zur Erleuchtung« *(Bodhisattvacāryavatāra)* gelehrt wird, und »Die Methode der Sechs Ursachen und der Einen Wirkung«, wie sie in Atīśas »Licht auf dem Weg« *(Bodhipathapradīpa)* gelehrt wird. Diese unterschiedlichen Methoden eignen sich unter verschiedenen Umständen für die Übung. Beide dienen dazu, *bodhicitta* zu entwickeln und die Sechs Vollkommenheiten zu praktizieren.
So können Details der verschiedenen Übungen durchaus der westlichen Mentalität angepaßt werden, und zwar nicht nur der westlichen Mentalität im allgemeinen, sondern auch den Voraussetzungen des einzelnen Übenden.
F: Alle großen Meister haben die Bedeutung eines spirituellen Lehrers hervorgehoben, damit Fehlinterpretationen der Lehre und der eigenen Meditationspraxis vermieden werden können. Nun gibt es gegenwärtig leider nur wenige Lehrer, aber viele, die lernen möchten. Ist es ratsam, Meditationsübungen nach schriftlichen Anweisungen durchzuführen?
A: Es ist möglich. Höhere Meditationen sind ohne Anleitungen eines erfahrenen Lehrers gefährlich, aber einfache Meditationen wie solche über Unbeständigkeit, Liebe, heilende Hinwendung oder die Entwicklung von *samādhi* können ohne weiteres durchgeführt werden. Ohne Lehrer sollte man sich immer auf kurze und einfache Meditationen beschränken.

F: Viele Menschen würden gern ein spirituelles Leben beginnen, müssen aber die meiste Zeit mit Arbeit oder in der Familie zubringen. Gibt es eine Möglichkeit, diese Aufgaben in eine Quelle von Spiritualität zu transformieren?

A: Dazu braucht man die Grundeinstellung von heilender Hinwendung *(karuṇā)* und *bodhicitta. Bodhicitta* läßt sich nur schwer mit wenigen Worten erklären, ohne dabei unkorrekt zu werden. Vielleicht können wir sagen, daß *bodhicitta* die Motivation ist, sich selbst zu helfen, um den anderen helfen zu können. Diese zutiefst gütige Haltung, *bodhicitta,* ist die Grundlage aller Mahāyāna-Lehren. Sie muß in jede Tätigkeit des täglichen Lebens einfließen, um die gewöhnlichen Aktivitäten in spirituelle umzuformen. Spezielle Meditationen können während der Arbeit, zum Beispiel in einer Fabrik, nicht durchgeführt werden, aber Meditation über Güte und heilende Hinwendung ist möglich, und wenn Sie es aufrichtig versuchen, können Sie überall Dharma praktizieren.

F: Der Buddha-Dharma, wie ihn die Tibeter praktizieren, schließt die Meditation über eine umfangreiche Ordnung von Symbolen und Gottheiten ein. Können dadurch für das westliche Bewußtsein mit seinem monotheistischen Hintergrund irgendwelche Probleme entstehen?

A: Das hängt vom Charakter des Meditierenden ab. Einige mögen diese Gottheiten sehr! (Lachen.) Jeder muß selbst entscheiden, was ihm zusagt.

F: Es wird auch die Meinung vertreten, daß diese Symbole und Gottheiten so verändert werden sollten, daß sie denen unserer eigenen Kultur entsprechen.

A: Das ist unmöglich. Wenn man den Buddha-Dharma folgt, sollten die meditierten Gottheiten ganz den Lehren von Buddha Vajradhara entsprechen. Sie können nicht willkürlich geschaffen oder mit denen anderer Methoden vermischt werden. Man sollte dem einmal gewählten Pfad mit Ausdauer folgen. Entscheiden Sie sich für Buddha-Dharma, dann praktizieren Sie es rein. Erreichen Sie dann Resultate, ist es gut. Wenn Sie aber verschiedene Methoden vermischen und nichts erreichen, sollten Sie nicht den Dharma dafür verantwortlich machen!
Die höchste der buddhistischen Meditationsgottheiten ist der Buddha. Sollten Sie andere bevorzugen, so praktizieren Sie mit diesen anderen, wenn nicht, nehmen Sie einfach den Buddha.
F: Geschieht diese Bevorzugung aufgrund der eigenen karmischen Dispostionen?
A: Es hat damit zu tun. Der Buddhismus spricht von Idiosynkrasie, verborgenen Neigungen und unterschwelligen Tendenzen, die zusammen mit dem Intellekt, den äußeren Bedingungen und anderen Faktoren die eigene karmische Disposition konstituieren. Dies sind die wichtigeren Faktoren, die bestimmen, welchem Pfad man folgen sollte.
F: Viele westliche Übersetzer von tibetischen Texten betonen mehr die äußeren als die inneren Aspekte spiritueller Magie. Wie konnte dieses Problem vermieden werden, als die tantrischen Texte aus dem Sanskrit ins Tibetische übersetzt wurden?
A: Dies scheint in Tibet nie ein großes Problem gewesen zu sein. Zweifellos gab es Menschen, die den Dharma nicht in ihr Bewußtsein aufnahmen. Jeder, der

tantrische Methoden zu Zwecken der Vernichtung eines Feindes übt, ist nicht wirklich spirituell. Ob jemand auf dem spirituellen Weg ist oder nicht, wird durch die langfristigen positiven Wirkungen, die seine Praxis mit sich bringt, bestimmt und nicht durch Methoden, die er benutzt.

Buddha Vajradhara lehrte Tantra, um den Lebewesen auf dem Weg zur Erleuchtung zu helfen, nicht aber, um ihnen ein Instrument gegen andere Menschen in die Hand zu geben. Er legt größten Wert darauf, Tantra als Geheimlehre zu bewahren, denn wenn Tantra von jedem ohne die inneren Voraussetzungen von *bodhicitta* und anderen Qualifikationen benutzt wird, kann es sehr gefährlich und gerade nicht hilfreich sein.

Der Kommentar vom »Mañjuśrī Wurzel-Tantra« *(Mañjuśrīmūlatantra)* erzählt die Geschichte eines Brahmanen namens Kanaka, der sich im Yamantaka-Tantra übte. Obwohl er extrem hart und mit außergewöhnlicher Konzentration und Kraft meditierte, kam er in die Hölle. Seine Übungen, die ihn zur Erleuchtung führen sollten, schadeten ihm letztlich nur. In einem »Guhyasamāja Wurzel-Text« *(Guhyasamājamūlatantra)* wird dasselbe Problem erörtert.

Was sich auch in Tibet in dieser Hinsicht zugetragen hat, muß abgelehnt werden, wie alles falsch motivierte Interesse an magischen Praktiken irgendwo sonst in der Welt. Der wahre Tantriker hat sich verpflichtet, seine magischen Kräfte nicht zu zeigen. Nach den Vinaya-Regeln darf selbst ein Arhant seine Kenntnisse nicht offen vor anderen enthüllen. Und dasselbe gilt im Tantra: Wenn man ohne hinreichenden Grund seine Kräfte zur Schau stellt, wird unabhängig von erreichten Qualifikationen die Grundlage der eigenen Praxis degenerieren.

F: Von allen buddhistischen Wegen üben die Methoden des Tantrayana die größte Anziehungskraft auf den westlichen Menschen aus, und zwar nicht die einleitenden tantrischen Übungen, sondern die sehr fortgeschrittenen Übungen des Vollendungs-Stadiums, die die Meditation über *cakras, nāḍīs,* mit einem Partner und ähnliches einschließen. Welche Vorteile und welchen Schaden hat dieses Interesse, und welche Vorbereitungen sind für tantrische Praxis notwendig?

A: Es ist sehr zu begrüßen, daß es im Westen dieses Interesse am Vollendungs-Stadium gibt. Natürlich hat es so gut wie keinen Sinn, dies zu praktizieren, ohne vorher mit den Übungen des Entwicklungs-Stadiums vertraut zu sein, wo *samādhi* entwickelt wird und die eigene Haltung zum Tantra durch Meditation über bestimmte *maṇḍala*-Symbole zur Reife gebracht wird. Außerdem sollte dieses Interesse in der Motivation begründet sein, allen Wesen helfen zu wollen – und das ist eine schwierige Vorbedingung! Ein Interesse, das auf bloßer unnützer Neugierde beruht, entbehrt der notwendigen Grundlage.

Meditation im Vollendungs-Stadium des Tantra kann extrem gefährlich werden und möglicherweise die verschiedensten Krankheiten und sogar den Tod für einen unqualifizierten Übenden bringen. Eine Krankheit, die aus einer fehlerhaften Durchführung dieser Übungen entsteht, kann durch herkömmliche Medizin nicht geheilt werden. Das einzige Gegenmittel besteht in der genauen Anwendung spezifischer Meditationen.

F: Wie kann der Unterschied von buddhistischem und hinduistischem Tantra kurz beschrieben werden?
A: Diese Unterschiede vollständig zu verstehen, ist außerordentlich schwierig. Zusammenfassend läßt sich jedoch sagen, daß sowohl in Philosophie als auch Praxis Unterschiede bestehen. Was die Praxis angeht, beruht das buddhistische Tantra auf der *bodhicitta*-Motivation, die im hinduistischen Tantra fehlt. In philosophischer Hinsicht gründet das buddhistische Tantra auf der Theorie des Nicht-Selbst *(anātman)*, wohingegen das hinduistische Tantra auf der Theorie eines letztgültig existierenden Selbst *(ātman)* aufbaut. Die verschiedenen Yoga-Systeme wie Atemübungen, *cakra-* und *nadi*-Meditation sind sich in vielem ähnlich, aber es gibt auch subtile Unterschiede.
F: Eigenliebe und Egozentrismus sind Kräfte, die ohne Anfang schon immer wirksam waren. Ist es möglich, sich auf einen spirituellen Weg zu begeben, ohne dabei ein gewisses Maß von Egozentrizität zu entwikkeln, die zu Sektierertum führen würde?
A: Genau um das zu verhindern, muß man achtgeben, daß Dharma-Praxis wirklich Dharma-Praxis ist. Obwohl das Ich stark ist, sind seine Wirkungen dann nicht übermäßig. Wenn Sie Dharma studieren, ohne es in die Praxis umzusetzen, können Ihre sogenannten spirituellen Aktivitäten leicht auf materiellen Gewinn und Ruhm ausgerichtet werden, und in diesem Falle entstehen Egoismus und solche negativen Eigenschaften wie Ärger, Anhaften und Sektierertum. Wenn jedes Wort des Dharma, das Sie hören, dazu benutzt wird, Ihr Bewußtsein zu kultivieren, bringt jedes einzelne Wort nur Gutes, und wieviel Dharma Sie auch

lernen werden, es wird dadurch nie die Entwicklung von Egoismus begünstigt werden. Darum muß man zu Beginn einer Unterweisung oder einer spirituellen Übung ernsthaft die Frage der Motivation prüfen, denn dann verringert sich die Gefahr.

F: Śākymuni Buddha sagte einmal in einem Sutra, daß Sektiererei schlimmere karmische Folgen habe als das Töten von tausend Buddhas. Warum ist das so?

A: Das wesentliche Ziel der Lehren der Buddhas ist es, falsche Bewußtseinszustände und die Erfahrung von Leiden gleichermaßen auszumerzen. Dies ist auch der Grund dafür, daß sie nach Erleuchtung gestrebt haben. Einzige Motivation der Buddhas ist, anderen zu helfen. Genau das tun sie, wenn sie lehren. Verachtet man daher eine ihrer Lehren, so ist das schlimmer, als würde man die Buddhas selbst ablehnen. Die Haltung des Sektierers besteht ja genau darin, daß er fälschlich meint, einem bestimmten Weg nur dann folgen zu können, wenn er die anderen herabsetzt. Die Buddhas selbst aber achten alle verschiedenen Traditionen der Lehre. Wenn wir dies nicht auch tun, verachten wir die Buddhas.

Es gibt verschiedene Möglichkeiten, dieses Sutra-Zitat zu interpretieren. Warum spricht ein Buddha so zu uns? Nur, um Dharma zu lehren. Und es ist derselbe Dharma, der Buddha zu seinem Zustand der Vollendung gebracht hat. Im Buddha-Dharma nun lehnen wir die Theorie eines Schöpfers ab; alles hängt vom Menschen selbst ab. Die Buddhas können nicht direkt eingreifen und den Lebewesen helfen, sie können dies nur über ihre Lehren tun. Wir mögen denken, daß sie dadurch in ihrer Macht eingeschränkt seien. Aus diesem Grunde sind ihre Unterweisungen kostbarer und bedeutsamer als sie selbst. Aufgrund der großen Fülle von Fähigkeiten und Neigungen der Lebewesen haben die Buddhas verschiedene Methoden der Übungen und Philosophien gelehrt. Folgen wir nun einer dieser Methoden und setzen andere herab, dann geben wir damit den Dharma preis und infolgedessen auch die Buddhas.

F: Eure Heiligkeit, denken Sie, daß die unterschiedlichen Weltreligionen durch verschiedene Emanationen der Buddhas gegründet worden sind, die sich der Denkweise spezifischer Gesellschaften entsprechend manifestiert haben?

A: Das ist durchaus möglich. Der Gründer einer jeden Religion könnte eine Emanation eines besonderen Buddhas sein. Darin liegt auch der Grund, daß wir alle Religionen zutiefst achten sollen.

F: Warum kämpfen dann aber die Religionen so oft gegeneinander?

A: Das ist ein ganz anderes Problem. Ein wahrhaft religiöser Mensch wird nie Anlaß zum Streit oder Disput sehen. Trotzdem hat es sogenannte Religionskriege gegeben. Die Menschen, die dafür verantwortlich waren, übten ihre Religion nicht wirklich aus, sondern benutzten Religion lediglich als ein Instrument der Macht. Ihre eigentliche Motivation war selbstsüchtig und nicht spirituell. Religionskriege sind nicht eine Frage von Widersprüchen zwischen den Religionen.

Lassen wir die Unterschiede in den Lehrmeinungen der einzelnen Religionen jetzt einmal auf sich beruhen und wenden wir uns den scheinbaren Widersprüchen in der Lehre des Buddha zu. So lehrte er beispielsweise aus bestimmten Gründen, daß es kein wahrhaft existierendes Selbst gebe, während er an anderer Stelle sagt, daß es dieses Selbst gibt. Was ist die Absicht eines Buddha, wenn er lehrt? Er will sich weder rühmen noch sein Wissen zur Schau stellen, sondern anderen helfen. Und dabei geht es nicht nur um die Menschen seiner Generation allein, sondern um viele Generationen und Typen von Menschen. Darum müssen seine Unterweisungen viele verschiedene Bedeutungsebenen haben und oft widersprüchlich erscheinen. Mit der Einsicht in diesen Sachverhalt gibt es keinen gültigen Grund für religiösen Streit und Disput.

F: Worin sieht der Tibetische Buddhismus den Wert der Religion?

A: Der wirkliche Sinn von Religion (Dharma) ist es, als eine Art Schutz zu dienen – eine Quelle der Zuflucht. Ein System, das Sicherheit bietet, erscheint als nützliche funktionale Religion. Und doch: Wie auch die äußeren Aktivitäten, das Verhalten und die Formen, die vom System vorgesehen sind, aussehen mögen, so kann es doch nicht als funktionale Religion betrachtet werden, wenn es versäumt, ganz elementar eine Möglichkeit des Schutzes und der Zuflucht zu bieten.

Eine Religion schließt aber auch Methoden ein, die der Verwirklichung von Gelassenheit, Disziplin, freudvoller Loslösung von Dingen und der Selbstkontrolle dienen. Man muß beachten, daß es normalerweise an dem unaufmerksamen Körper, Rede und Bewußtsein liegt, daß die schädlichen und unethischen Faktoren entstehen können. Deshalb ist es eine logische Voraussetzung, daß Befriedung, Training und Zähmung der physischen, verbalen und geistigen Aktivitäten von grundlegender Bedeutung sind. Um es zusammenzufassen: Zuerst müssen alle physischen Fehlhaltungen, die den Körper betreffen, berichtigt, ausgemerzt und beendet werden, und dann auch die der Rede. Die Berichtigung schädlicher physischer und verbaler Handlungen ist in sich selbst eine Methode, das Bewußtsein zu kontrollieren. Was die Wahl der Methoden betrifft, um das Bewußtsein zu zähmen, so müssen die ganzen Verzweigungen der vorhandenen geistigen Verschmutzungen und Fehler, ausgehend von den schwerwiegendsten und endend bei den subtilsten, vollständig beseitigt werden. Hinsichtlich der Art der Beseitigung kann dieses Ziel auf zweierlei Weise erreicht werden: erstens die energetische Neutralisierung der schwerwiegenden und ganz offensichtlichen Verschmutzungen, zweitens die sukzessive Eliminierung aller groben und subtilen geistigen Verunreinigungen. Schließlich aber müssen die Ursachen beider auf eine solche Weise überwunden werden, daß diese völlig wirkungslos werden, selbst wenn sie mit den Bedingungen, die sie aktivieren können, zusammentreffen sollten. Ein solcher Prozeß der Überwindung ist vollständig.

F: Wie wird in Tibet die Lehre von *karman* verstanden?

A: Das *karman* und seine Folgen können als willentliche Handlung und deren Folgen oder auch als moralische beziehungsweise psychologische Ursache und Wirkung verstanden werden. Die Methoden zur näheren Erklärung der wahren Natur von Karma und seinen Folgen sind sehr mannigfaltig. Ganz allgemein kann man vielleicht sagen, daß alle Erscheinungen und Objekte das Resultat von Ursachen sind. Eine Wirkung entsteht aus einer Ursache. Ob das Ergebnis gut oder schlecht ist, hängt vom jeweiligen individuellen Bewußtseinszustand ab. Eine negative Ursache und deren Wirkung sind unabänderlich und endgültig. Nehmen wir zum Beispiel den Sprößling eines Baumes. Die Wirkung, nämlich die Pflanze, entsteht aus ihrer früheren Ursache, das heißt dem Samen. Die Beschaffenheit einer Wirkung ist abhängig von der Beschaffenheit ihrer entsprechenden Ursache. Ähnlich wurzeln Wohlbefinden und Schmerz oder Glück und Leid, also das Schicksal aller Lebewesen, in den früheren individuellen Ursachen – guten und schlechten. Alles existiert aufgrund der Wirksamkeit des unerbittlichen Gesetzes von Ursache und Wirkung. Die Entdeckung, daß Karma eine Realität ist, daß es sich vermehrt, daß es keine Folge gibt, die nicht durch Karma bedingt wäre, und daß sich nichts vor dem Gesetz des Karma verbergen kann, ist eine Wahrheit von großer Tragweite.

F: Die traditionellen Schriften sprechen von den drei Fahrzeugen. Warum hat der Buddha drei Wege gelehrt?

A: Obwohl die Schriften von drei Fahrzeugen sprechen – dem Fahrzeug der Hörer, der Alleinverwirklicher und dem Fahrzeug der Bodhisattvas –, gelten die beiden ersten als ein Fahrzeug, nämlich Hīnayāna. Das Fahrzeug der Bodhisattvas oder Mahāyāna wird in das »Ursache-Fahrzeug der Praxis der Vollkommenheiten« und das »Resultat-Fahrzeug der Tantrapraxis« unterteilt. Darum sprechen wir in Tibet gewöhnlich nur von zwei Fahrzeugen, dem Hīnayāna und dem Mahāyāna. Zuerst wollen wir sie hinsichtlich der Praxis betrachten. Es ist äußerst wichtig, als äußere Grundlage die

Einhaltung der Gebote *(vinaya)* für die Mönche und die Laien zu beachten. Ein Mönch sollte den drei grundlegenden Übungen folgen: Retrait während der Regenzeit, Reinigungszeremonie, die alle zwei Monate stattfindet, und die Zeremonie zur Beendigung der Retraite während der Regenzeit. Dies alles sind Übungen des Hīnayāna.

Zusätzlich zu dem eben Genannten muß man heilende Hinwendung, *bodhicitta,* und die Sechs Vollkommenheiten praktizieren.

Um zur Erleuchtung zu gelangen, kann eine Person alle diese Übungen praktizieren: sie stören einander nicht und verursachen im Übenden keinerlei Spannungen. Darum können alle Wege widerspruchsfrei praktiziert werden. So betrachtet, gibt es keinen Grund dafür, daß Hīnayāna Mahāyāna oder Sūtrayāna Tantrayāna für gering erachtet und umgekehrt. Das ist das Verhältnis der verschiedenen Fahrzeuge, wenn man sie unter dem Gesichtspunkt der Praxis betrachtet.

Hinsichtlich der Philosophie kann der Buddhismus in vier Hauptschulen eingeteilt werden: Vaibhāṣika, Sautrāntika, Cittamātra und Madhyamika, die alle aus Indien stammen. In bestimmter Beziehung scheinen sie einander auszuschließen. Wie dem auch sei, die Absicht der scheinbar nicht übereinstimmenden Lehren innerhalb der buddhistischen Philosophie ist es, eine stufenweise Annäherung an die höheren Philosophien zu ermöglichen, um zu einem immer umfassenderen und schließlich zum letztlichen Verstehen der Wirklichkeit zu führen. Darum kann auf keine der vier Schulen verzichtet werden.

In Tibet gibt es vier Hauptschulen: Nyingma, Sakya,

Kagyü und Geluk. In der Praxis folgen alle dem Mahāyāna, das heißt der Einheit von Sūtrayāna und Tantrayāna, wie oben beschrieben auf der Basis von Hīnayāna. In der Philosophie sind alle Mādhyamikas. Alle vier Traditionen unterscheiden sich weder in der Praxis noch in der Philosophie; die Differenzen sind vielmehr bedingt durch die Zeit ihrer Einführung in Tibet und durch die verschiedenen Überlieferungslinien der Lamas, die sie in Tibet einführten und dabei unterschiedliche Aspekte der Praxis mehr oder weniger betonten sowie unterschiedliche Terminologien benutzten. Alle vier führen zur Buddhaschaft. Aus diesem Grund ist es völlig falsch, eine Tradition für richtiger zu halten als eine andere oder irgendeine von ihnen geringzuschätzen.

F: Was genau meint der Begriff *nirvāṇa*? Die Interpretationen dieses Begriffs im Westen weichen erheblich voneinander ab. Im allgemeinen meint man damit völlige Auslöschung.

A: Wörtlich übersetzt meint »Befreiung« oder »Erlösung« (tibetisch *thar pa*) Freiheit von Knechtschaft. Alle Wesen sind durch Karma und Verblendung gefangen und gebunden. Wenn die Frustration oder *duḥkha*, die aus dem Verstricktsein oder der Verblendung folgt, oder, anders ausgedrückt, wenn der Zustand der Frustration, der infolge der mit Karma und Verblendung verbundenen Einflüsse erfahren wird, überwunden und beendet ist, ist man in dem Zustand, der Befreiung genannt wird. Es ist wahr, daß die verschiedenen buddhistischen Lehrmeinungen in der Interpretation der wahren Natur und Bedeutung des Begriffs Befreiung voneinander abweichen. Ganz allgemein kann

Befreiung als Überwindung der oder Freiheit von Frustration und ihren Ursachen verstanden werden, die durch das eigene Karma und Verblendung und die daraus folgenden Wirkungen verursacht werden. Die Überwindung der oder die Freiheit von Frustration und ihren Ursachen wird durch die Stärke der eigenen inneren Bemühungen, das heißt durch Übungen, die Gegenkräfte wachrufen, erreicht oder aber dadurch, daß man zur höchsten Weisheit gelangt, die Einsicht in die Leere *(śūnyatā)* gewährt.

Die Theorie von *śūnyatā* oder Leere ist gemeinsame Grundlage aller vier Hauptschulen der buddhistischen Philosophie. Am tiefgründigsten und besten wird der Sinn von *śūnyatā* in der Mādhyamika-Schule beschrieben, welche unter den vier Schulen den ersten Platz einnimmt. Der Begriff *śūnyatā* oder Leere meint nicht, daß da überhaupt nichts sei oder existiere, wie es der Fall ist, wenn man eine Blume, genannt Himmelsblume, beschreibt, die in Wirklichkeit nicht existiert. *Śūnyatā* ist eigenschaftslos, doch beinhaltet es, daß alles, was zur Existenz gelangt ist, aufgrund einer Ursache existiert, ja daß es nur in Beziehung zu oder in Abhängigkeit von etwas anderem als es selbst existiert. Sein Ursprung ist tatsächlich gar kein Ur-sprung – das ist *śūnya.* Die Dinge sind lediglich Bezeichnungen durch das Bewußtsein und nichts anderes. Sie sind nicht-selbst-existierend oder nicht inhärent existierend. Alles ist von Natur aus leer (in bezug auf inhärente Existenz), leer einer permanenten Substanz oder eines Selbst, da es nicht-selbst-existierend ist, indem es von Ursachen außerhalb seiner selbst abhängig ist. Aber das bedeutet nicht, daß die Dinge überhaupt nicht existieren. Das »Ich« (Selbst) ist eine Bezeichnung, die in Beziehung zu den Aggregaten (Gruppen physischer und geistiger Eigenschaften, die vom Streben nach Existenz abhängen) benannt ist. Normalerweise wird angenommen, daß das »Ich« (Selbst) und die Aggregate aus sich selbst heraus existieren. Im Buddhismus wird die Natur des Selbst (»Ich«) und der Aggregate so gesehen, daß beide aufeinander bezogen sind. Die Existenz des »Ich« ist abhängig von den Aggregaten. Der Begriff »Wagen« zum Beispiel ist ein Name, der für die Zusammenstellung seiner verschiedenen Einzelteile gebraucht wird. In ähnlicher Weise können wir nur in Verbindung mit den Aggregaten von einem »Selbst« oder »Ich« sprechen. Um es in den Worten eines Meisters auszudrücken:

> »Ein Wagen wird als solcher bezeichnet in Beziehung zu der Ganzheit, die aus seinen verschiedenen Teilen gebildet wird. In gleicher Weise ist der Name eines bestimmten Lebewesens nur die Bezeichnung, die hinsichtlich der Ansammlung (Ganzheit) seiner Teile, das heißt seiner Aggregate, gegeben wird.«

Alle vier Hauptschulen der buddhistischen Philosophie stimmen in dieser Lehre überein, obwohl die Methoden zur Erklärung der Natur des bedingten »Ich« in den einzelnen Schulen unterschiedlich sind. Die Mādhyamika-Schule gilt als die wichtigste der vier Schulen. Sie ist wiederum in die Prāsaṅgika- Mādhyamika und Sautrāntika- Mādhyamika-Schulen unterteilt. Die Prāsaṅgika-Schule lehrt, daß das »Ich« oder »Selbst« ein bloßer Name ist, der innerhalb des Prozesses des Verstehens gebildet wird, und das trifft auf alle Objekte des Verstehens in gleicher Weise zu. Alle Objekte sind nicht-selbst-existierend, das heißt, sie existieren nicht aus sich selbst.

F: Welche besondere Bedeutung hat der Tibetische Buddhismus für die Probleme unserer modernen Welt?

A: Die Lehren Buddhas enthalten Methoden, die einen kontinuierlichen Prozeß der Entwicklung des Bewußtseins garantieren, wenn diese Lehren gemäß den tatsächlichen Lebensumständen in die Praxis umgesetzt werden. Dazu ist eine genaue Kenntnis der Wirklichkeit oder der Tatsachen des Lebens, das heißt der Natur der Erscheinungen und Objekte, wie sie wirklich sind, notwendig. Hier gibt es wiederum zwei Aspekte: erstens Erkenntnis von Dingen und Ereignissen, die jenseits des menschlichen Auffassungsvermögens (des Menschen begrenzter Bewußtseinskraft) liegen, zweitens Erkenntnis von Dingen und Erscheinungen, die im Bereich der menschlichen Erkenntnismöglichkeiten liegen. Aber zuallererst müssen wir danach fragen, was konkret das Bewußtsein ist, wie es funktioniert und so weiter, und Antworten auf diese Fragen finden. Ist dies bekannt, so ist das Bewußtsein fähig, die Natur und Wirkungsweise der Erscheinungen und Objekte, wie sie in Wirklichkeit sind, zu erkennen.

Das Bewußtsein wird weit und frei, es wächst in Geduld und Vergebung, und parallel dazu erweitert und vertieft sich die Denkfähigkeit. Die Verwirklichung der Bewußtseinskräfte, wie ich es hier dargestellt habe, kann der Menschheit heute von größtem Nutzen und Dienst sein.

F: Den Tibetern gilt das Tantrayāna als die mächtigste Lehre des Buddha. Warum ist die tantrische Praxis so wirksam?

A: In uns Menschen ist bereits die Fähigkeit angelegt, in die drei Körper eines Buddha verwandelt zu werden. Unsere fünf Sinne beziehungsweise unsere augenblickliche physische Form bilden die Grundlage für den physisch erscheinenden Emanationskörper eines Buddha *(nirmāṇakāya)*. Der subtile Traumkörper, der auch der Körper im Zwischenzustand zwischen Leben und Tod ist, ist der Seligkeitskörper *(saṁbhogakāya)*. Die Wurzel dieser beiden ist das Klare Licht selbst, das zur wirklichen Erleuchtung eines Buddha, also in seinen Wahrheits-Körper *(dharmakāya)* entwickelt werden kann. Die Besonderheit des Tantra besteht nun darin, die drei gewöhnlichen Körper in die Körper eines Buddha zu transformieren.

Dies geschieht folgendermaßen: Der menschliche Körper ist ein Gebilde aus Energie mit zweiundsiebzigtausend Kanälen, den Energieströmen, die sich in den Kanälen bewegen, und aus den Energiekonzentrationen beziehungsweise den Bündeln aus Bewußtseinsenergie, die in den Kanälen konzentriert sind. Indem diese Energiekonzentrationen in den Kanälen durch Trägerenergien *(prāṇa)* beeinflußt werden, erreichen wir verschiedene Ebenen von Bewußtheit. Im Normalzustand erleben wir eine andere Bewußtseinsebene als im Traum oder im Tiefschlaf oder aber in der Ohnmacht, der tiefen Ohnmacht, dem Koma, oder dem Zustand, wenn die Atmung aussetzt. Die letzte und subtilste Ebene des Bewußtseins, das Klare Licht (tibetisch: *'od gsal*), wird zum Zeitpunkt des Todes manifest. Sie dient als Basis für den Kreislauf von Geburt, Alter, Krankheit und Tod. Hat man einmal das Wesen der Existenz im Kreislauf der Wiedergeburten durchschaut, kann man davon frei werden. Die beste Vorbereitung dazu ist das Verstehen der verschiedenen Bewußtseinsebenen durch den Gebrauch der Kanäle, Energiekonzentrationen und Trägerenergien (innere Winde).

Tantra ist außerordentlich gefährlich. Ohne eine geeignete Führung kann es nicht vervollkommnet werden, im Gegenteil, es kann dann zu Krankheit und Tod führen.

F: Können Eure Heiligkeit etwas dazu sagen, ob es für einen Menschen möglich ist, seine physische Form von einem Leben zum nächsten vollständig zu verändern?

A: Ich bin Buddhist und glaube, daß ein Mensch die Form eines niedrigeren Wesens annehmen kann. Als was man im nächsten Leben geboren wird, hängt nicht vom augenblicklichen Körper ab, sondern von Handlungsweisen, die schädlich oder tugendhaft sind (und karmische Eindrücke hinterlassen). Grundlage sind die eigenen karmischen Bildekräfte. Sie sind der Same. Doch der Same allein reicht nicht, er muß mit Wasser und Erde zusammenkommen. So hat man also nicht nur die Ursachen, sondern auch die begleitenden Umstände zu berücksichtigen. Es ist klar, daß das »Material« für unseren physischen Körper von unseren Eltern kommt, nicht aber unser Bewußtsein, unser »Selbst«. Der physische Körper ist mit einem Haus oder der Kleidung vergleichbar, die wir ständig wechseln.

F: Ist es möglich, die Natur dessen zu bestimmen, das von einem Leben zum nächsten wandert?

A: Im Buddhismus glauben und akzeptieren wir, daß es ein »Ich« gibt, aber nicht ein Ich in dem Sinne, daß es etwas Permanentes und von Körper und Bewußtsein Unabhängiges wäre. Die Existenz eines solchen »Ich« wird von allen vier philosophischen Schulen des Buddhismus abgelehnt.

Hinsichtlich dessen, was positiv akzeptiert wird, unterscheiden sich die vier Schulen. Ich möchte mich auf die beiden Mahāyāna-Schulen, Cittamātra und Mādhyamika, beschränken.

Die Cittamātra-Schule kennt zwei Erklärungen. Die eine Richtung bezeichnet das Ich nicht in Beziehung auf die Form (eines Körpers), sondern auf der Basis allein des Bewußtseins. Es werden hier acht verschiedene Typen des Bewußtseins unterschieden: die fünf Sinnes-Bewußtseine, das sechste mentale Bewußtsein, das siebente negative Bewußtsein, das das Grundlagen-Bewußtsein als Objekt hat, und das achte Grundlagen- oder Speicher-Bewußtsein *(ālaya-vijñāna)* selbst. In dieser Schule betrachtet man dieses achte, das Grundlagen-Bewußtsein, als das »Ich«.

Dies wird so begründet, daß, wenn wir sterben, die fünf Sinnes-Bewußtseine und das mentale Bewußtsein aufhören, aktiv zu sein. Daraus folgt, daß, solange das Ich nicht als ein anderes Bewußtsein unabhängig von den sechs Bewußtseinen bestimmt werden würde, es auch nicht fortdauern könnte. Es muß also ein »Ich« geben, und dies muß verschieden sein von den sechs

Bewußtseinstypen, die mit dem Tod enden. So kommt man zu dem Schluß, daß es ein anderes Bewußtsein geben müsse, das als »Ich« zu bezeichnen ist.
Die andere Richtung der Cittamātra-Schule betrachtet das »Ich« als das sechste, das mentale Bewußtsein. Sie akzeptiert nur sechs Bewußtseinsebenen, von denen die sechste Ebene als »Ich« bezeichnet wird.
Auch in der Mādhyamika-Schule gibt es zwei Unterabteilungen: die Svātantrika-Mādhyamika und die Prāsaṅgika-Mādhyamika. In Svātantrika-Mādhyamika gibt es wiederum zwei Unterabteilungen: die Yogācāra-Svātantrika-Mādhyamika-Schule und die Sautrāntika-Svātantrika-Mādhyamika-Schule. Die beiden letztgenannten Schulen akzeptieren den sechsten Typ des Bewußtseins als »Ich«, das als von Körper und Bewußtsein unabhängig betrachtet wird. Da der Körper mit dem Tod aufhört zu existieren, kann das »Ich« nicht allein in bezug auf den Körper definiert werden. Aus diesem Grunde gibt es für diese Schule keine andere Alternative, als das Bewußtsein selbst als »Ich« zu betrachten.
Nach der Prāsaṅgika-Mādhyamika-Schule nun existieren alle Erscheinungen in gegenseitiger Abhängigkeit voneinander. Auch das »Ich« existiert in Abhängigkeit sowohl vom Körper als auch vom Bewußtsein. »Ich« ist somit eine bloße Bezeichnung in bezug auf die Verbindung von Körper und Bewußtsein. Bewußtsein an sich ist also nicht identisch mit dem Ich. Dies wird so begründet, daß wir ohne genauere Analyse normalerweise so denken, daß dies *mein* Körper und *mein* Bewußtsein ist. Da wir dies so wahrnehmen, muß es auch stimmen. Daraus folgt konsequent, daß mein Bewußt-

sein etwas ist, das zum »Ich« gehört, nicht aber mit ihm identisch ist. So existiert also »Ich« nur als eine Bezeichnung für die Verbindung von Körper und Bewußtsein. In der tantrischen Tradition unterscheidet man zwei Arten von »Ich«: das vorübergehende, zeitliche »Ich« des Menschen, das ein wenig subtiles »Ich« ist, das als Bezeichnung der Verbindung von Körper und Bewußtsein auftritt, und das subtile Ich, das in Abhängigkeit vom subtilen Körper und subtilen Bewußtsein bezeichnet wird. Im normalen Leben scheinen dieser subtile Körper und dieses subtile Bewußtsein inaktiv zu sein. Zum Zeitpunkt des Todes aber (und im Zusammenhang mit der Praxis tantrischer Übungen) werden der subtile Körper und das subtile Bewußtsein manifest. So ist es schließlich dieses subtile »Ich«, das zur nächsten Wiedergeburt wandert.

F: Was ist dieses subtile Ich, und was ist die Grundlage seiner Eigenschaften?

A: Wie ich schon sagte: Seine Natur ist, bloße Bezeichnung in bezug auf die Verbindung von subtilem Körper (Trägerenergien, sanskrit: *prāṇa*, tibetisch: *rlung*) und subtilem Bewußtsein zu sein. Die Trägerenergien werden als Körper angesehen, aber das subtile »Ich« bleibt bloß eine Bezeichnung in bezug auf den physischen Körper.

F: Sind also die subtilen Winde (Trägerenergien) in der Gestalt meines Körpers manifest?

A: »Wind« (sanskrit: *prāṇa*, tibetisch: *rlung*) bedeutet, daß es sich um eine Art von Energie, von Bewegungsenergie, handelt. Wenn Sie also über die subtilen Energien und die subtilen Bewußtseinskräfte sprechen, so werden die beiden auf folgende Weise bestimmt: das subtile Bewußtsein, das sich eines Objektes bewußt ist, und die subtile Energie als eine Aktivierung, die auf ein bestimmtes Objekt gerichtet ist. Die oben genannten zwei Erscheinungen zusammengenommen nennen wir das subtile »Ich«. Dies ist eine Erscheinung, man könnte sagen, mit zwei Aspekten. Der Aspekt, der reflektieren kann oder die Kraft zur Erkenntnis hat, die Qualität der Bewußtheit, heißt subtiles Bewußtsein. Gleichzeitig und damit verbunden gibt es eine bewegende Aktivität, eine Energie, eine Art von Kraft, die das Bewußtsein aktiviert und auf das Objekt richtet. Dies also ist, so lehrt der Buddhismus, der wirkliche Schöpfer, und dies bezeichnen wir auch als die Buddhanatur.

Wenn man dieses Stadium erreicht hat, ein Stadium jenseits von Ärger, Eifersucht, Haß und gewöhnlichem Denken, gibt es keine Basis mehr für die Entwicklung von Anhaften, Ärger, Eifersucht und aller anderen leidverursachenden Emotionen. Denn all diese Qualitäten sind sekundär. Dies ist die tiefste Bewußtseinsebene. Gegenwärtig können wir nicht auf dieser Ebene verweilen. Wir fallen auf eine Ebene zurück, wo ein weniger subtiles Bewußtsein vorherrschend ist, und infolgedessen erheben sich wieder unterscheidende Gedanken. Die Ebene der letztgültigen Buddhanatur aber ist frei von den Qualitäten des wenig subtilen Bewußtseins – und dieses Bewußtsein bleibt völlig erfüllt von Bewußtheit. Das ist der Buddha-Geist.

F: Was ist der Qualitätsunterschied zwischen den friedvollen Formen und den zornvollen Formen der göttlichen Wesenheiten?

A: Im Tantra spricht man meistens von zwei Pfaden:

Der eine beruht auf der Grundlage der Attraktion, der andere auf der Grundlage der Aversion. Für beide ist das Ziel identisch: die Überwindung der Verblendung. Es gibt verschiedene Methoden zur Überwindung der Verblendung. Für jene, die nicht in der Lage sind, die Verblendung selbst als Mittel auf dem Pfad zu benutzen, ist der Pfad der Trennung von den Verblendungen gelehrt worden. Das ist die Methode der Hīnayāna-Lehren. Hier kann der Übende das Gift der Verblendung als solches nicht für die Übung benutzen. So ist er von Anfang an bemüht, sich von der Verblendung mit allen Mitteln zu trennen. Die andere erwähnte Methode benutzt unsere Abhängigkeit von der Verblendung und transformiert sie direkt in ein Mittel, durch das wir uns von der Verblendung befreien, um für das Wohl anderer tätig sein zu können. Im Bodhisattvayāna wird Verblendung ausgenützt, um anderen Wesen zu helfen. Auch im Sūtrayāna gibt es gewisse Umstände, unter denen es hilfreich ist, Verblendung als solche für die spirituelle Übung zu benützen. Im Tantrayāna benützt der Übende absichtlich und zielgerichtet die Verblendung allezeit, nicht nur gelegentlich und unter außergewöhnlichen Umständen.
Ich möchte nun zu den Verblendungen selbst kommen. Man unterscheidet drei Arten von Verblendung: Unwissenheit, Gier (Attraktion) und Haß (Aversion). Unwissenheit ist immer die Grundlage für die beiden anderen. Deshalb handelt es sich bei der methodischen Anwendung für die spirituelle Übung immer um zwei Typen. Wo die Übung mit dem Verblendungstyp der Attraktion (Verlangen, Gier) verbunden ist, handelt es sich bei den göttlichen Wesenheiten um friedvolle

Gottheiten. Wo die Übung mit dem Verblendungstyp der Aversion (Ärger, Haß) verbunden ist, handelt es sich bei den göttlichen Wesenheiten um zornvolle Gottheiten. Dies ist die allgemeinste Möglichkeit, diese beiden Arten von göttlichen Wesenheiten zu definieren.

Die beiden Pfade haben auch etwas mit den Individuen zu tun, die sich zur Übung und spirituellen Praxis anschicken. Allgemein kann man sagen, daß für jene, die sehr schnell zornig werden, zornvolle Gottheiten zur Praxis besonders geeignet sind. Für jene Menschen aber, die mehr von Verlangen und Gier beeinflußt sind, ist es ratsam, mittels des friedvollen Aspektes der Gottheiten zu meditieren. Dies ist allerdings wiederum nur ein sehr allgemeiner Hinweis.

F: Eure Heiligkeit, was können Sie den Menschen, die im Westen Dharma praktizieren, raten?

A: Jeder sollte sehr sorgfältig prüfen, bevor er sich für eine bestimmte spirituelle Tradition entschließt. Denn wenn man sich einmal für einen Weg entschieden hat, sollte man daran festhalten. Tun Sie es nicht dem Mann gleich, der die Gerichte in allen Restaurants ausprobierte und es nicht fertigbrachte, ein einziges Mahl zu Ende zu essen. Wägen Sie sorgfältig ab, bevor Sie sich auf einen spirituellen Weg begeben, aber dann folgen Sie diesem Weg bis zum Ende. Auch wenn Sie jeden Tag nur kurze Zeit üben können, werden Sie bald den Erfolg spüren. Versuchen Sie hingegen, alle verschiedenen Wege und Möglichkeiten auszuprobieren, werden Sie überhaupt nichts erreichen.

Außerdem müssen Sie bei Ihren Übungen Geduld haben. Im Zeitalter der Maschinen scheint alles auto-

matisch zu funktionieren. Und man könnte meinen, daß dies auch auf die Dharma-Praxis zutrifft – daß man lediglich einen Schalter bedienen muß und dadurch die Verwirklichung zu erreichen wäre. Haben Sie Geduld! Die Bewußtseinsentwicklung braucht Zeit.
Sie sollten versuchen, in Ihrer Praxis beständig zu sein. Es hat keinen Sinn, einige Monate sehr hart zu üben, es dann zu lassen und nach einiger Zeit wieder damit zu beginnen. Man muß ständig und gleichmäßig üben, dies ist von größter Wichtigkeit.
Haben Sie sich für den Buddhismus entschieden, dann sollten Sie sich nicht als »große Buddhisten« betrachten und alles anders machen wollen. Eine tibetische Weisheit lehrt: Ändere dein Bewußtsein, aber lasse dein Äußeres, wie es ist.
In allen Richtungen des Buddhismus, besonders aber im Mahāyāna, steht das Wohlergehen des anderen im Mittelpunkt. Śāntideva sagt in diesem Zusammenhang in seinem Buch »Eintritt in das Leben zur Erleuchtung« *(Bodhisattvacāryāvatāra)*:

> »Frage zuerst danach, was für die Menschen deiner Gesellschaft akzeptabel ist und was nicht; und dann vermeide das, was nicht akzeptabel ist.«

Natürlich muß man zuallererst überlegen, was davon im Widerspruch zum Dharma steht. Wenn die soziale Norm dem Dharma nicht widerspricht, sollte man versuchen, danach zu leben. Dann werden die Menschen einen auch achten. Dies sollte man aber nicht aus Eitelkeit tun, sondern um allen den größtmöglichen

Nutzen zu bringen. In der Praxis des Dharma muß man den anderen immer in Liebe begegnen, denn dies ist die Grundlage für den altruistischen Erleuchtungsgeist *(bodhicitta)*. Liebe ist eine einfache Praxis und nützt doch demjenigen, der sie ausübt, ebenso wie der Gemeinschaft, in der er lebt, seinem Land und der ganzen Welt. Liebe und heilende Hinwendung werden von jedem geschätzt. Ob man an Wiedergeburt glaubt oder nicht, jeder ist in seinem Leben auf Liebe angewiesen. Liebe ist die Voraussetzung für harmonische Familien, echte Brüderlichkeit, Gleichmut und wirklichen Frieden. Wenn uns der Sinn für Liebe verlorengeht, wenn wir eine feindselige Einstellung zu den Menschen und anderen Wesen beibehalten, wird sich daraus nur Leiden und Unheil ergeben, auch wenn wir noch soviel gelernt und studiert haben und materiell immer besserstehen. Denn dann werden die Menschen weiter einander betrügen und um Macht und Einfluß ringen. Eine solche Haltung ist unnütz, denn alle Wesen sind dem Leiden, dem wirklichen Zustand unserer Existenz, in gleicher Weise ausgesetzt.

Grundlage jeglicher spiritueller Praxis ist die Liebe. Und darum ist dies mein einziger Rat, meine einzige Bitte an Sie: Üben Sie wahrhaftige Liebe! Die Fähigkeit, sich in allen Situationen des Lebens so zu verhalten, kann nur langsam reifen. Darum dürfen Sie nicht den Mut verlieren. Wenn uns das Glück der Menschheit wirklich am Herzen liegt, ist Liebe der einzige Weg.

4.
Religion, Politik und die gegenwärtigen Probleme der Welt

(Aufsätze und Diskussionen über soziale Theorien, die politische Situation der Tibeter und Aspekte der modernen Welt)

4.1 Dharma und Politik

Jeder Mensch hat das gleiche Recht auf Glück, Recht, Gerechtigkeit und Gleichheit. Darum sollte unser Leben von einer altruistischen Haltung bestimmt sein, die nicht durch Macht und Reichtum in Frage gestellt werden kann. Voraussetzung für solch eine altruistische Motivation, auf deren Grundlage Gerechtigkeit und Gleichheit verwirklicht werden können, ist die Durchdringung des sozialen Lebens mit zuverlässigen moralischen Wertvorstellungen. Besorgte Stimmen machen auf das Fehlen moralischer Prinzipien in unserer heutigen Welt aufmerksam. Dieser Mangel ist eine der wesentlichen Ursachen dafür, daß eine gerechtere Welt noch immer nicht verwirklicht werden kann.

Nicht nur die gegenwärtige soziale Struktur muß einer grundlegenden Änderung unterzogen werden, auch der bestimmende Faktor dieser Struktur, der für diese voll verantwortlich ist – der Mensch –, muß seine innere Haltung, seine Prinzipien und Wertvorstellungen neu überdenken, um einen dringend notwendig gewordenen Wandel herbeizuführen. Die Skeptiker mögen die Möglichkeit anzweifeln, das soziale System zu verändern. Aber sind nicht wir es, die die Lebensbedingungen gestalten? Der Mensch hat das soziale Dilemma hervorgerufen, und es liegt nun an ihm allein, hier etwas zu ändern.

Das Individuum und die Gesellschaft sind voneinander abhängig, und daher wirkt sich das Verhalten des einzelnen auf seine Gesellschaft aus und umgekehrt. In der Vergangenheit hat man versucht, durch Wiedergutmachungszahlungen sein Unbehagen über die Ungerechtigkeit der sozialen Verhältnisse zu beruhigen und eine gerechtere Welt zu schaffen. Institutionen und Organisationen wurden gegründet, um mit guten Programmen zur Lösung der sozialen Probleme beizutragen. Das Ziel all dieser Bemühungen ist lobenswert. Nur werden diese guten Ansätze und Vorhaben unglücklicherweise durch das dem Menschen innewohnende Eigeninteresse immer wieder vereitelt.

Heutzutage geraten ethische und moralische Prinzipien leider immer mehr in den Schatten des Eigeninteresses, und zwar insbesondere auf dem Gebiet der politischen Kultur. Es gibt eine philosophische Meinung, die Moralisten davor warnt, sich in Politik einzumischen, weil diese der ethischen und moralischen Grundsätze entbehre. Diese Entwicklung gibt Anlaß zur Sorge, denn eine Politik ohne ethische Grundsätze dient nicht dem Wohl und Nutzen des Menschen und seiner Gesellschaft, und ein Leben ohne Moral läßt den Menschen nicht besser als das Vieh sein.

Politik ist nicht automatisch »schmutzig«, ein gebräuchliches Attribut, um Politik heute zu kennzeichnen. Allerdings sind die Instrumente unserer politischen Kultur durch eigennützige Ziele verzerrt und mißbraucht worden. Man hört des öfteren von spirituellen Menschen, daß sie die Vermischung von Politik und Religion mit Sorge erfüllt, da sie eine Verzerrung der Ethik durch Politik und dadurch eine Verunreinigung der Religion befürchten. Solche Überlegungen sind nicht nur selbstsüchtig, sondern auch in sich widersprüchlich. Alle Religionen sind ja dazu da, dem Menschen zu dienen und zu helfen, und mit jeder Abgrenzung von Religion gegen Politik gibt man ein machtvolles Instrument preis, das im Sinne des sozialen Wohlergehens der Menschen wirken soll. Mit einem verantwortlichen ethischen Konzept und einem Minimum an Eigeninteresse können Religion und Politik eine nützliche Verbindung zum Wohle des Menschen eingehen.

In der Wechselbeziehung von Ethik und Politik müssen ernsthafte moralische Überzeugungen das politische Handeln bestimmen, dann werden Mensch und Gesellschaft daraus tiefgreifenden Nutzen ziehen können. Es ist eine absurde Annahme, daß Religion und Moral keinen Platz in der Politik hätten und daß sich religiöse Menschen in Einsiedeleien zurückziehen sollten. Bestimmte ethische Grundsätze sind für einen Politiker ebenso wie für einen Vertreter der Religion von entscheidender Bedeutung, da die gefährlichen Folgen vorhersehbar sind, wenn unsere Politiker ihre moralischen Prinzipien außer acht lassen würden. Unabhängig davon, ob wir glauben oder nicht, ob wir an Gott oder an Karma glauben, gibt es moralische Grundwerte, denen jeder folgen kann und muß. Was wir brauchen, sind menschliche Eigenschaften wie moralische Verantwortung, heilende Hinwendung und Demut. Da wir jedoch mit der menschlichen Schwäche rechnen müssen, sind diese Eigenschaften nur durch eine zielstrebige Entwicklung des Individuums in einem entsprechenden sozialen Milieu zu erreichen.

Die religiösen und sozialen Institutionen haben in die-

sem Zusammenhang eine große Verantwortung und sollten alle Bemühungen auf diese Aufgabe konzentrieren. Vorurteile sollten vergessen werden, damit alle Religionen gemeinsam für die Herausbildung dieser Eigenschaften im Menschen und für eine harmonische und aufgeschlossene Atmosphäre in dieser Welt wirken können. Die Welt ist heute kleiner und überschaubarer geworden, kein Volk könnte für sich allein überleben. Es ist also in unserem eigenen Interesse, für Liebe, Gerechtigkeit und Gleichberechtigung in dieser Welt einzutreten, denn wenn wir uns dieser universalen moralischen Verantwortung nicht bewußt werden, steht unser Überleben auf dem Spiel.
Mit der Herausbildung der Fähigkeit, die Welt in diesem Sinne zu verändern, muß in der Erziehung schon in frühester Kindheit begonnen werden. Wir können nicht erwarten, daß unsere oder die heranwachsende Generation diesen Wandel ohne jede Grundlegung vollziehen wird. Sollte es eine Hoffnung geben, dann ist es die kommende Generation, die sie einlösen könnte, aber nur, wenn wir in unserem gegenwärtigen Erziehungssystem eine tiefgreifende Änderung auf weltweiter Ebene herbeiführen.
Nur eine dynamische Umwälzung kann eine politische Kultur auf der Grundlage moralischer Werte hervorbringen. Eine solche Umwälzung muß von den großen, mächtigen Völkern initiiert und gefördert werden, da solche Versuche kleinerer Staaten nicht dieselbe Aussicht auf Erfolg hätten. Wenn sich die mächtigen Staaten eine Politik zu eigen machen, die von moralischen Prinzipien getragen ist, und wenn sie aufrichtig für das Wohl der Menschheit Sorge tragen,

haben wir Grund zu neuer Hoffnung. Solch eine Umwälzung würde alle anderen Versuche, in unserer Welt Gerechtigkeit und Gleichheit herzustellen, in den Schatten stellen.

Mir liegt dieses Problem sehr am Herzen, und darum appelliere ich an alle, die meine Besorgnis teilen, zu einer gerechteren, von heilender Hinwendung zum Mitmenschen bestimmten Welt beizutragen.

4.2 Recht und Gesellschaft

Eine menschliche Gesellschaft, die ohne Gesetze Gerechtigkeit verwirklichen wollte, wäre zum Leiden verurteilt. Die Starken würden ihren Willen durchsetzen und über die Schwächeren gebieten, die Reichen würden über die Armen und die Regierenden über die Regierten herrschen. So müssen die Menschen einer Gesellschaft, in der das Recht vernachlässigt wird, leiden. Viele von Ihnen unter der Zuhörerschaft sind Studenten der Rechtswissenschaft. Ich denke, Sie werden es in Ihrem Beruf nicht leicht haben. Der heutigen Welt fehlt es an Gerechtigkeit, und zwar nicht nur in den einzelnen Ländern, sondern auch auf internationaler Ebene. Aber wir Tibeter haben ein Sprichwort: »Wenn neun Versuche fehlschlagen, versuche es ein zehntes Mal.«

Ich freue mich, zu Menschen zu sprechen, deren ernsthaftes Anliegen es ist, eine gerechtere Welt zu schaffen. Wenn Sie sich wirklich für mehr Gerechtigkeit einsetzen, werden Sie mit Fehlschlägen und Enttäuschungen rechnen müssen. Doch unsere Welt braucht die Bemühungen und den Mut jedes einzelnen!

Wie mir gesagt wurde, würden Sie gern etwas über unsere politische Situation hören. Da mein Besuch in diesem Land (Vereinigte Staaten von Amerika 1979) hauptsächlich religiöser, erzieherischer und sozialer, nicht aber politischer Natur ist, ist es mir nicht möglich,

über Politik zu sprechen. Manchmal ruft man dadurch, daß man sich zu einem Thema äußert, starke Reaktionen hervor. Aber man kann auch dadurch, daß man schweigt, Zeichen setzen. So ist es sinnvoller, wenn ich heute schweige.
Die politische Situation in Asien ist durch einen schnellen Wandel gekennzeichnet. Viele Dinge, die stabil erscheinen, sind nicht so sicher, wie man gemeinhin annimmt. Mein eigener Standpunkt ist, alles in meiner Macht Stehende zu tun, die Situation zu beobachten und geduldig zu warten. Wer weiß, was sich ereignen kann?
Die meisten von Ihnen hier haben ein spezielles Interesse am Recht. Recht, Erziehung, Wissenschaft, Technologie, Politik und Religion müssen als Mittel betrachtet werden, die der menschlichen Gesellschaft und allen Lebewesen nützen sollen. Nutzen bedeutet in diesem Zusammenhang, Freude und Glück unter den Menschen zu vermehren. Dieses Ziel kann man sowohl auf materiellem als auch auf spirituellem Wege zu verwirklichen suchen.
Unabhängig von ihrer kulturellen, sozialen, politischen und rassischen Zugehörigkeit gleichen sich die Menschen darin, daß sie ein ursprüngliches »Ich-Bewußtsein« haben und demzufolge den instinktiven Wunsch nach Glück verspüren. All die vielen Millionen Menschen auf diesem Planeten sind in erster Linie glücksuchende Lebewesen.
Ich komme aus Tibet, das weit hinter den Bergen des Himalaja liegt, Sie hier sind amerikanische Studenten der Rechtswissenschaft. Doch da Sie und ich im Grunde unseres Wesens gleich sind, kann ich mit

Ihnen wie mit alten Freunden zusammensein. Obwohl wir uns heute zum ersten Mal begegnen, empfinde ich etwas wie menschliche Brüderlichkeit und Nähe zwischen uns. Das ist die Grundlage dafür, daß wir ganz selbstverständlich zusammen für eine gerechte und harmonische Gesellschaft arbeiten können.

Im Augenblick wird die Welt von großen Konflikten erschüttert, so im Mittleren Osten, in Südostasien und allen voran die Konfrontation zwischen Ost und West. Diese Probleme können nur entstehen, weil wir das Mensch-Sein des anderen nicht sehen und ernst nehmen. Die Antwort auf diese Probleme darf nicht im Rüstungswettlauf oder in der Demonstration von Macht bestehen, sondern darin, daß wir uns unseres gemeinsamen Wesens als Menschen bewußt werden. Die Lösung kann also nicht mit technologischen und politischen Mitten, sondern nur auf spirituellem Wege gefunden werden. Haß und kämpferische Auseinandersetzungen können niemanden, auch nicht den Urheber derselben, glücklich machen. Das Wohlergehen einer Gesellschaft erwächst aus sozialer Harmonie, denn Gewalt und Zerstörung bringen immer nur neues Elend hervor. Es ist an der Zeit, daß die Welt endlich lernt, den Mitmenschen mit Augen zu sehen, die durch rassische, kulturelle und ideologische Unterschiede hindurch auf den Grund unseres menschlichen Wesens blicken, wo wir alle eins sind.

Dies würde zum Wohl des Individuums, der Gesellschaft und einer ganzen Nation beitragen. So, wie die Völker heute schon in ökonomischer Hinsicht aufeinander angewiesen und miteinander verbunden sind, müssen wir auch auf der menschlichen Ebene die

Landesgrenzen überwinden. Wo immer die Menschen daran gehindert werden, nach Glück zu streben, werden sie unzufrieden sein, und das ist eine Ursache von Konflikten. Solange wir es nicht schaffen, eine Atmosphäre echter Zusammenarbeit – einer Zusammenarbeit, die nicht durch Gewalt und Macht erzwungen wird, sondern auf tiefer Einsicht und Verständnis für den anderen beruht – zu verwirklichen, wird sich die menschliche Situation immer mehr zuspitzen. Erst wenn der Mensch im tiefsten Herzen zufrieden ist, wird Friede sein. Ohne eine solche Basis, wenn den Menschen weiterhin unerwünschte soziale, politische und kulturelle Formen aufgezwungen werden, wird der Friede in Frage gestellt. Jeder einzelne Mensch muß glücklich werden können, und auch die Anliegen eines noch so kleinen Landes müssen von allen Staaten gleich ernst genommen werden.

Ich bin nicht hier, um zu sagen, daß eines der gegenwärtigen gesellschaftlichen Systeme besser ist als die anderen und darum von allen angenommen werden müßte. Im Gegenteil, eine Vielfalt an Systemen und Ideologien ist wünschenswert, da es innerhalb der menschlichen Gemeinschaft verschiedene Voraussetzungen gibt. Diese Vielfalt könnte zum kollektiven Glück der Menschen beitragen. Jedes Volk sollte die Freiheit haben, sein eigenes politisches und soziales System zu entwickeln. Aber Voraussetzung dafür muß die Selbstbestimmung auf individueller und nationaler Ebene sein.

4.3 Richtigstellung von Fehlinterpretationen der tibetischen Frage

Unlängst (Sommer 1976) erschien in der New York Times und anderen Zeitschriften der Welt eine Flut von Artikeln über Tibet. Viele dieser Artikel enthielten ganz offensichtlich falsche Informationen über die Situation in Tibet und die Lage der Tibeter im Exil. Darum, so denke ich, ist es an der Zeit, daß ich persönlich in einem kurzen Artikel dazu Stellung nehme, um diese falschen Darstellungen zu berichtigen.

Tibet ist geographisch, rassisch und kulturell von China verschieden. Außerdem ist Tibet in seiner Geschichte immer ein unabhängiges Land und nie »ein integraler Bestandteil von China« gewesen. Die Tatsache allein, daß jetzt darauf verwiesen werden muß, daß Tibet »Teil von China« sei, spricht eindeutig für seinen besonderen unabhängigen Status in der Vergangenheit. Wäre Tibet schon immer Teil von China gewesen, wozu hätten dann die Grenzen auf den Karten von Zentralasien nach 1959 geändert werden müssen?

Auch der große Aufwand, mit dem die chinesischen Kommunisten den Tibetern den Status von Tibet erklären mußten, zeigt den unabhängigen Status von Tibet. Die Chinesen unterscheiden zwischen China und dem »Mittleren Reich«: sie betonen uns gegenüber immer wieder, daß Tibet nicht Teil von China, sondern ebenso wie China Bestandteil des »Mittleren Reiches« sei.

Tibet und China, so erklären sie, erfreuten sich eines gleichen Status als Teile des »Mittleren Reiches«.
Nach der Unterzeichnung des Siebzehnpunkteabkommens, als die erste tibetische Delegation unter Kalon T. T. Liushar von Mao Zedong empfangen wurde, sagte dieser zu Kalon Liushar: »Jetzt, wo Tibet zum Mutterland zurückgekehrt ist, ist Beijing Ihre Stadt, ist Shanghai Ihre Stadt.« Dazu bemerkte Kalon Lukhangwa, mein damaliger Premierminister, später in Lhasa: »Wir wollen weder Beijing noch Shanghai; gebt uns Chamdo zurück.« Chamdo, die drittgrößte Stadt Tibets, stand seit der chinesischen Invasion bis zur Bildung des Vorbereitungskomitees für die Autonome Region Tibet unter der militärischen Verwaltung der Chinesen.
In offiziellen Dokumenten stehen den Tibetern dieselben Rechte zu wie den Chinesen, in der Praxis werden die Tibeter jedoch in ihrem eigenen Land wie Bürger zweiter Klasse behandelt. Tibeter wurden gewaltsam in Arbeitstrupps gezwungen, um Straßen, militärische Anlagen und Gebäude zu bauen. Es wurden zwar auch Hunderte von Schulen errichtet, doch berichten Flüchtlinge, denen es noch immer gelingt, das Land zu verlassen, daß dies keine tibetischen Schulen seien, da nur in den ersten Klassen etwas Tibetisch unterrichtet werde. Der Rest des Lehrplanes bestehe aus chinesischer Sprache und Geschichte, Grundlagen der Arithmetik und Handarbeit. Die vielen tausend Kilometer neuer Straßen, die seit der Machtübernahme durch die Chinesen gebaut worden sind, kommen nicht den Tibetern zugute, da es keinerlei öffentliche Verkehrsmittel gibt.

Auch die Entwicklung der Landwirtschaft dient den Berichten der Flüchtlinge zufolge den Chinesen, die den größten Teil der Ernte als Verkaufsüberschuß, staatliche Saatsteuer, Entwicklungssteuer für die Kommunen und »Kriegs-Vorbereitungs-Steuer« einbehalten und den Tibetern jährlich nur eine magere Ration zwischen neunzig bis einhundertzwanzig Kilogramm Gerste pro Person belassen.

Dies sind die Gründe dafür, daß tibetische Kommunisten, die anfangs voller Enthusiasmus waren, seit 1956 zunehmend desillusioniert sind und daß viele von ihnen schließlich offen ihre Unzufriedenheit mit dem chinesischen Auftreten in Tibet zeigten. Das Ergebnis war, daß die meisten der tibetischen Kommunisten aus ihren öffentlichen Ämtern entlassen und heimlich nach China deportiert wurden.

Wir geben zu, daß das soziale und politische System nicht ohne Fehler war und nicht mehr den Ansprüchen der modernen Zeit entsprach. Aber die Tibeter waren darauf vorbereitet, aus eigenem Antrieb einen Wechsel herbeizuführen. Schon vor 1959 führte ich einige Reformen durch, doch waren die Chinesen nicht sehr glücklich, als wir dies aus eigener Initiative taten. Sie wollten den größtmöglichen Nutzen aus den von ihnen beabsichtigten Reformen ziehen, und unsere Maßnahmen gefährdeten dieses Projekt. Wir Tibeter im Exil plädieren noch immer für eine allmähliche Modernisierung und Änderung. Mit dieser Absicht verabschiedete ich 1963 den Entwurf einer zukünftigen Verfassung Tibets. In einer offziellen Erklärung sagte ich bereits vor einigen Jahren, daß die Herrschaft des Dalai Lama im zukünftigen Tibet fortgesetzt werden könne oder auch nicht und daß wir vielleicht sogar sozialistische Systeme übernehmen könnten. Wir sind also keinesfalls gegen Änderungen oder Reformen.

Zweifelsohne hat China seit der kommunistischen Machtübernahme große Fortschritte gemacht. Auch die Volksmassen haben davon profitiert. Ich gebe zu, daß sie in Tibet sogar viele Änderungen erreicht haben, die notwendig waren und von uns vielleicht nicht hätten durchgeführt werden können. Aber um welchen Preis und unter welchen Opfern haben sie das erreicht! Die Opfer an Menschenleben und menschlicher Freiheit, an dem also, was wir heilighalten, sind, gelinde gesagt, ungeheuerlich und schrecklich gewesen.

Was sich oft ereignete, ist dies: Um bestimmte Ziele zu erreichen und höheren Autoritäten zu schmeicheln, war den chinesischen Beamten jedes Mittel recht, ob gerechtfertigt oder nicht. Sie dachten dabei nicht an die Leiden und Gefühle der Menschen, die in den meisten Fällen so tun mußten, als ob sie glücklich seien, obwohl sie es nicht waren.

Der unseligste Aspekt dieses ganzen Prozesses war, daß die hohen Beamten nicht darauf achteten, was sich tatsächlich abspielte, und die Berichte ihrer Untergebenen akzeptierten, ohne sie zu hinterfragen, auch wenn sie völlig falsche Daten enthielten. Auch wenn beispielsweise ein gewisser Teil der Bevölkerung gegen die Durchführung eines Projektes heftigen Widerstand geleistet hatte, so würde im Bericht trotzdem gestanden haben, daß die Menschen einmütig und aus ganzem Herzen die Vorhaben der PLA (Volksbefreiungsarmee) und der Partei unterstützt hätten.

Ungefähr fünfzigtausend Tibeter einschließlich meiner selbst – ich habe 1959 das Land verlassen – haben neun Jahre chinesischer Herrschaft in Tibet miterlebt. In all diesen Jahren versuchte ich, eine gütliche Lösung mit den Chinesen zu erzielen, da es sonst unvermeidlich zu einem offenen Zusammenstoß zwischen dem tibetischen Volk und den chinesischen Truppen hätte kommen müssen, und in diesem Falle wären die Tibeter zweifellos im Nachteil gewesen. Unglücklicherweise verschlechterte sich die Lage so schnell, daß all meine Bemühungen umsonst waren und es im März 1959 zu einem offenen Zusammenstoß kam – mit vorhersehbarem Ergebnis.

Die Tragödie Tibets besteht darin, daß eine ganze Rasse, ein Volk, das ausländische Herrschaft immer strikt abgelehnt hat, durch China unterjocht, unterdrückt und aufgezehrt worden ist. Und das geschah nicht nur mit den Tibetern, sondern auch mit der Mongolei und Ost-Turkestan (Sinkiang). Es mag mir nicht zustehen, für diese beiden anderen Länder zu sprechen, die sich in einer ähnlichen Lage wie Tibet befinden, aber ich kenne die wahren Gefühle und nationalen Bestrebungen dieser Völker. Ihr Unwille gegen die chinesische Vorherrschaft ist nicht geringer als der der Tibeter.

Um die besetzten Nationen leichter aufsaugen zu können, versuchen die Chinesen, sie auseinanderzureißen. So bestehen sie darauf, Tibet in zwei Teile zu spalten, das »innere« und das »äußere« Tibet, und dabei ignorieren sie historische Tatsachen und bestehende Gegebenheiten. In der chinesischen Propaganda, wenn von »Tibet« oder noch offizieller von der

»Autonomen Region Tibet« gesprochen wird, ist immer nur das »äußere« Tibet angesprochen. Das bedeutet, daß beinahe die Hälfte des tibetischen Territoriums und fast zwei Drittel unserer Bevölkerung einfach von Tibet abgeschnitten wurden. In diesem Teil Tibets – dem »inneren« Tibet – finden wir die Provinzen Amdo und Kham, die in der Geschichte untrennbar mit dem Rest von Tibet verbunden waren. Kein Tibeter oder Tibetologe kann sich ein Tibet ohne die Provinzen Amdo und Kham vorstellen. Ganz Tibet – ohne diese irreale Unterscheidung – ist entschlossen gewesen, den Kampf gegen die ungerechte ausländische Herrschaft aufzunehmen.

Die sporadischen Aufstände gegen die chinesische Besetzung hatten nämlich im östlichen Teil von Tibet, der von den Chinesen als »inneres« Tibet bezeichnet wird, ihren Ursprung, so daß die tibetische Widerstandsbewegung oft fälschlich als eine Khampa-Widerstandsbewegung bezeichnet worden ist.

Selbst heute noch gibt es aktuelle Berichte, daß es in diesen Gegenden zu verzweifelten Kampf- und Sabotagehandlungen kommt. Ein anderer deutlicher Hinweis auf anhaltenden tibetischen Widerstand und auf das Ausbleiben eines totalen Sieges der Chinesen über die Tibeter ist die Tatsache, daß sich kein prominenter Tibeter aus der jüngeren Generation der Parteidisziplin unterworfen hat – einer Generation also, die zu indoktrinieren und zu formen die Chinesen seit 1950 ausreichend Zeit gehabt haben.

Es ist im übrigen wohlbekannt, daß die Chinesen eine ähnlich willkürliche territoriale Aufspaltung auch im Falle der Mongolei vorgenommen haben.

Unser Befreiungskampf war und ist eine Bewegung des tibetischen Volkes. Im Verlauf dieses Freiheitskampfes haben wir ausländische Unterstützung begrüßt, wenn sie unseren Zielen nicht zuwiderlief, ansonsten haben wir sie vermieden. Aber da unser Kampf gerecht ist und wir an sein Ziel glauben, kann er nicht aufgegeben werden, selbst wenn uns keinerlei Hilfe zuteil werden sollte.

Es werden immer noch Stimmen laut, die die Tibeter im Exil als »eine Handvoll reaktionärer Cliquen« bezeichnen. Von einigen wurde die Zahl 15000 genannt. Für mich ist das nie eine Streitfrage gewesen. Indien und auch die anderen Länder, die tibetische Flüchtlinge aufgenommen haben, sind offene Gesellschaften. So kann die Schätzung auf ungefähr hunderttausend Flüchtlinge an Ort und Stelle nachgeprüft werden.

Die Welt wurde Zeuge, wie unvorhersehbar und sprunghaft die chinesische Politik ist, als die wechselhafte Geschichte von Liu Shao-chi, Lin Biao, Deng Hsiao-ping und kürzlich der »Viererbande« bekannt wurde. Dies entbehrt jeglicher Prinzipien und offenbart eher die Launen einiger weniger Individuen. Man kann sich vorstellen, welches Leid diese Sprunghaftigkeit in der chinesischen Herrschaft über das tibetische Volk gebracht hat.

Die Chinesen haben kürzlich die Tibeter im Exil einschließlich meiner selbst »eingeladen«, nach Hause zurückzukehren. Als dieses Angebot bekannt wurde, deuteten viele Zeitungen an, daß es für mich »vorteilhaft« sein könnte, jetzt zurückzukehren. Einige teilten ihren Lesern sogar mit, daß zwischen meinen Reprä-

sentanten und der chinesischen Führung geheime und indirekte Verhandlungen geführt würden.
Diese Gerüchte bestätigen, daß die Menschen im Westen die wahren Hintergründe unseres Kampfes gänzlich mißverstanden haben. Das Problem liegt nicht darin, ob der Dalai Lama und die hunderttausend Flüchtlinge die Möglichkeit bekommen, nach Tibet zurückzukehren. Der Grund unseres Appells an die anderen Nationen ist nicht, daß wir zurück in unsere Heimat möchten und die Chinesen es uns nicht gestatten. Er besteht auch nicht darin, daß ich mich nach einigen Privilegien sehne, deren ich mich erfreute, und daß ich nun verbittert auf die Chinesen reagiere, da sie mir den Status eines Flüchtlings aufgezwungen haben. Seit Ende 1963 haben uns die Chinesen aufgefordert zurückzukehren. Die meisten ihrer Angebote wurden regelmäßig von Radio Lhasa und durch Flugblätter verbreitet. Von unserer Seite hat es darauf nie eine Antwort gegeben, da wir in dieser Frage nicht das eigentliche Problem sehen. Worum es wirklich geht, das sind die Meinungen und das Wohlergehen der sechs Millionen Tibeter, die in Tibet leben. Warum soll ihnen eine ausländische Herrschaft aufgezwungen werden? Warum sollen sie nicht die Wahl haben, an ihrem eigenen Glauben, der eigenen Tradition, Kultur und Identität festhalten zu können?
Wenn jene sechs Millionen Tibeter dort wirklich glücklich und zufrieden sind, werden wir uns anschicken, zurückzukehren und den Status zu akzeptieren, den die Mehrzahl von ihnen uns gewährt. Aber zuerst müssen alle Tibeter im Exil die Gewißheit haben, daß die Tibeter in Tibet mit ihrem Schicksal einverstanden

sind. Der Gedanke, daß »geheime Verhandlungen« die Voraussetzung schaffen könnten, daß ich zurückkehre, ist völlig abwegig. Was die Chinesen behaupten, und zwar entweder direkt oder vermittels ausgewählter Besucher, hat uns nicht überzeugt. Einige dieser Besucher gehörten schon immer zu den unkritischen Bewunderern der »chinesischen Revolution«. Sie leben davon, aus erster Hand Neuigkeiten aus China zu berichten und zu kommentieren. Wie kann von ihnen erwartet werden, irgend etwas zu sagen, das ihre Chancen beeinträchtigt, in Zukunft erneut chinesische Einreisevisa zu erhalten? Glücklicherweise haben kürzlich einige Besucher versucht, eine objektive Einschätzung ihrer Reise nach Tibet zu geben, und ich hoffe, daß sich dies wiederholen wird. Trotz vieler Schwierigkeiten erhalten wir ständig Informationen über die Situation in Tibet. Dies ist für uns wichtig, weil wir in Übereinstimmung mit den Wünschen der Mehrheit unseres Volkes zu handeln haben.

Was also notwendig ist und was ich auch ständig gefordert habe, ist ein international überwachter Volksentscheid innerhalb und außerhalb von Tibet zu der Frage, ob die Tibeter in Tibet die Situation akzeptieren. Dieser Volksentscheid müßte in ganz Tibet durchgeführt werden, und es sollten in dem Kontrollausschuß auch Menschen vertreten sein, die die tibetische Sprache sprechen und verstehen, damit sie nicht nur auf chinesische Übersetzer angewiesen sind. Es könnten sogar ein oder zwei Tibeter vertreten sein, die aber nicht von mir ausgewählt oder empfohlen sein müssen. Ich bin bereit, jedes Resultat eines solchen Volksentscheides zu akzeptieren.

4.4 China und die Zukunft Tibets

Während der letzten Wochen (September 1979) habe ich einige Bundesstaaten der USA besucht und an Universitäten, Schulen, religiösen Institutionen und kleineren Bildungseinrichtungen gesprochen. Ich hatte auch Gelegenheit, verschiedene Studienzentren für Außenpolitik kennenzulernen und mit den Verantwortlichen zu sprechen. Beinahe überall habe ich mir die Freiheit genommen, über Liebe und heilende Hinwendung zu sprechen. Ich bin ganz fest davon überzeugt, daß die Förderung dieser Eigenschaften den modernen Gesellschaften helfen kann, das notwendige Gegengewicht zu einer übertriebenen materiellen Lebenshaltung herzustellen.

Ich habe mich zu diesen Themen nicht nur einfach als Buddhist geäußert, sondern aus der klaren universalen Erkenntnis heraus, daß alle Menschen, abgesehen von oberflächlichen Unterschieden, in ihrem Wesen eins sind, indem jeder Glück und nicht Leiden wünscht und auf verschiedene Weise versucht, dies zu verwirklichen. Die Anerkennung unserer grundsätzlichen Übereinstimmung in diesem Ziel ist wichtig.

Die Presse, die allgemeine Öffentlichkeit und zahlreiche Persönlichkeiten, mit denen ich zusammentraf, zeigten ein großes Interesse an Tibet, dem tibetischen Volk und seiner Zukunft. Dazu haben sicherlich die Entwicklungen in China in den letzten Jahren beigetragen, die Spekulationen über ein schnelles Ende meines Exils wachgerufen haben.

Darum, so denke ich, sollte ich mich zu diesem Thema äußern und aufzuzeigen versuchen, was die Zukunft meiner Ansicht nach bringen könnte.

Jeder, der politisch unvoreingenommen ist, wird schnell begreifen, daß Tibet ein eigenständiges Land und von China verschieden ist. Diese Überlegung folgt konsequent aus der Tatsache, daß sich Tibet rassisch, kulturell, sprachlich, geographisch und historisch von China unterscheidet. Kein gebildeter Mensch würde auch nur einen Moment denken, daß Tibeter Chinesen seien.

In der Vergangenheit herrschte zwischen China und Tibet ein besonderes Verhältnis, das man als Patron-Priester-Beziehung bezeichnet hat, eine Verbindung also, die eher spiritueller als politischer Natur war. Zu dieser Zeit galten die drei Länder China, die Mongolei und Tibet als voneinander unabhängig. Fragen Sie einen Tibeter nach seiner Nationalität, und seine Antwort wird lauten: »Tibeter.« Wenn über tibetische Angelegenheiten diskutiert wird, geschieht das immer in dem Bewußtsein, daß es sich um etwas handelt, das vom Japanischen, Indischen oder Chinesischen verschieden ist. Diskutiert man beispielsweise über Tibetischen Buddhismus, so schließt das niemals ein, daß chinesischer Buddhismus auch den Tibetischen Buddhismus repräsentiert.

»China« heißt in der tibetischen Sprache »Gya-nak«. Da das tibetische Wort Gya-nak immer ein ausländisches Land bezeichnet, ist damit gleichzeitig Tibet als eigenständiges Land gekennzeichnet. Die Chinesen

benutzen dieses Wort nicht. Anstelle von »China« gebrauchen sie in ihren offiziellen Dokumenten und Publikationen in tibetischer Sprache unklare Termini wie »unsere Nation« und »Mutterland«. Sie erklären uns, daß Tibet nicht ein Teil von »Gya-nak« (China), sondern ein Teil von »Chung Kuo« (Mittleres Reich) sei, ebenso wie »Gya-nak« auch! Nicht politisch orientierte Chinesen machen diese Unterscheidung nicht, denn sie bezeichnen die chinesische Sprache als »Chung Kuo Hua« (Sprache des Mittleren Reiches). Aber durch eindeutige politische Interessen motivierte Chinesen bezeichnen die chinesische Sprache als »Han Hua« (Han-Sprache), um ihren Anspruch zu rechtfertigen, daß Tibet (trotz seiner unterschiedlichen Sprache und Kultur und ebenso wie die hansprechenden Völker) integraler Bestandteil des »Mittleren Reiches« sei. Linguistische Kunstgebilde können aber die Fakten der Geschichte und des Lebens nicht zudecken.
Da sowohl Tibet als auch die Mongolei und Ost-Turkestan grundsätzlich und historisch von China verschieden sind, haben die Chinesen in diesen okkupierten Gebieten verschiedene autonome administrative Systeme errichtet. Sie benutzen neben dem Chinesischen auch die Sprache dieser Länder auf den Geldscheinen. Im Falle Tibets, das bis 1950 unabhängig war, unterzeichneten die Chinesen das Siebzehnpunkteabkommen mit der tibetischen Regierung. Kein anderes von den Chinesen besetztes Land hat ein solches Abkommen oder Pakt oder Vertrag mit China. Hier nun sagen die Chinesen wiederum, daß dies ein »Abkommen« und kein »Vertrag« sei, mit der unbefriedigenden Erklärung, daß »Abkommen« lediglich innerhalb eines

Landes zwischen den zentralen und lokalen Behörden geschlossen würden.
Interessanterweise betrachtete Sun Yat-sen, der Vater der chinesischen Republik, Tibet, die Mongolei und die Mandschurei als Ausland. Ebenso unterstützte Mao Zedong in den dreißiger Jahren, als er mitten im Befreiungskampf stand und noch keine Macht ausübte, Tibets Unabhängigkeit. Viele Jahre später, als ich 1954 in China war, sagte Mao zu mir, daß, solange wir arm und rückständig seien, China uns helfen würde; daß wir (die Tibeter) aber nach zwanzig Jahren in der Lage sein würden, ihnen (den Chinesen) zu helfen. Bei einer anderen Gelegenheit äußerte er mir gegenüber, daß die in Tibet stationierten chinesischen Truppen zurückgezogen werden würden, wenn die Tibeter auf eigenen Füßen stehen könnten.
Selbst nach dreißig Jahren Besatzung durch die Volksrepublik China und trotz Chinas weltweiter Propaganda, die Tibet als untrennbaren und integralen Bestandteil von China ausgibt, spricht niemand davon, daß er nach »China« gekommen sei, wenn er tibetisches Territorium betreten hat, oder daß die »Chinesen« Fortschritte beim Aufbau des Sozialismus gemacht hätten, wenn er Entwicklungen in Tibet beschreiben will.
Während der letzten drei Jahrzehnte haben die Chinesen der Einheit der Nation große Aufmerksamkeit geschenkt und sich in dieser Beziehung bedeutender Erfolge gerühmt. Zahlreiche öffentliche Versammlungen und offizielle Empfänge nahmen sie zum Anlaß, dieses Thema zu behandeln. Würde die Quantität der Parolen den Erfolg garantieren, müßten die Chinesen

eine felsenfeste und unerschütterliche Einheit erreicht haben! Aber das ist keineswegs der Fall, da es sich um eine künstliche Einheit handelt, die den Völkern, zu denen auch die Tibeter gehören, aufgezwungen wurde.
Die Chinesen nehmen in Anspruch, nicht als Imperialisten oder Kolonialisten nach Tibet gekommen zu sein, sondern als Befreier.
Aber was ist das für eine »Befreiung«, die dem Volk sein Geburtsrecht und die Freiheit, sein eigenes Schicksal zu bestimmen, verweigert? Die Chinesen haben dem tibetischen Volk die Freiheit genommen und sprechen nun von einem imaginären »Zustand wunderbaren Glücks und Fortschritts« in Tibet.
Ich verweise auf all diese Tatsachen ohne jeden Haß gegen die Chinesen. Sollten sich eines Tages alle Länder der Welt zu einem staatlichen Gebilde verbinden, so würde ich dies begrüßen, und Tibet würde ein Partner mit größter Bereitschaft zur Mitarbeit in solch einer Bewegung sein. Aber solange dies nicht geschieht, haben die sechs Millionen Tibeter einen Anspruch auf alle Rechte, die andere freie Völker auch haben, einschließlich der Bewahrung ihrer besonderen, einmaligen Identität und Lebensweise. Solange die sechs Millionen Tibeter unter ausländischer militärischer Besatzung leben müssen, werden sie ihren Kampf für die nationale Befreiung und für die legitimen Rechte in ihrem eigenen Land fortsetzen.
Ich denke, es ist wichtig, daß wir Tibeter eine klare und sachliche Darstellung der tibetischen Situation geben, und zwar insbesondere jetzt, wo die gegenwärtige chinesische Führung einen gemäßigteren und ver-

nünftigeren Kurs zu verfolgen scheint. Es bleibt abzuwarten, ob die chinesischen Politiker bereit sind, die Verhältnisse, so wie sie wirklich sind, anzuerkennen, oder ob sie damit fortfahren werden, die Fakten so darzustellen und zu deuten, daß sie dem Interesse Chinas dienen.

Ich bin immer der Meinung gewesen, daß wir ohne nüchternen Realismus unsere Ziele niemals erreichen können. Zu meiner großen Enttäuschung hat zwischen Tibet und China seit der Invasion durch die Volksrepublik China immer ein höchst unfreundliches Klima geherrscht, und zwar infolge eines fehlenden Verständnisses für die Realitäten seitens der Chinesen und auch deswegen, weil sie die Wahrheit absichtlich ignoriert haben. Solch ein Zustand zwischen zwei Staaten, die jahrhundertelang Nachbarn gewesen sind, ist unglückselig. Die Chinesen nutzten die Tibeter aus, wenn immer sich die Möglichkeit dazu bot, und als Ergebnis sind die Tibeter ihnen gegenüber mißtrauisch geworden.

Vereinigungen oder Bündnisse müssen auf gegenseitiger Übereinstimmung beruhen und den Vorteil beider Seiten berücksichtigen. Sie müssen aufgelöst oder aufgegeben werden, wenn sich herausstellt, daß das Volk sie nicht unterstützt. Die Zukunft Tibets ist nicht eine Angelegenheit, über die die chinesische Besatzungsmacht zu entscheiden hat. Die sechs Millionen Tibeter können offenbar nicht von China aufgesogen oder einverleibt werden, und ihre Identität kann nicht zerstört werden.

Freundliche Beziehungen zwischen Tibet und China, die ich von Herzen wünsche, können nur auf der Basis von Gleichberechtigung, gegenseitiger Achtung und gleichem Vorteil für beide Seiten hergestellt werden. Was mich betrifft, so würde ich glücklich jeder Lösung zustimmen, die die sechs Millionen Tibeter in freier Selbstbestimmung wählen. Der freie Wille des tibetischen Volkes ist die einzig wahre Grundlage für eine Entscheidung des Schicksals Tibets. Solange dieser freie Wille nicht gedeihen kann, werden die Herzen meines Volkes keinen Frieden haben. Mit grenzenlosem Vertrauen in sich selbst und dem Glauben an die Gerechtigkeit ihrer Sache werden sie auf den Tag warten, der kommen muß, an dem sie uneingeschränkt und frei ihre legitimen nationalen Rechte wahrnehmen und gleichzeitig ein Verhältnis zu China aufbauen können, das auf einer neuen Grundlage von gegenseitigem Vorteil und Achtung beruht.

4.5 Buddhismus und Marxismus

Materieller Fortschritt allein kann keine ideale Gesellschaft hervorbringen. Selbst in materiell hochentwickelten Ländern haben die geistigen Probleme der Menschen zugenommen und verursachen zusätzliche Not. Weder durch noch so detaillierte Gesetzgebung noch durch Zwang kann das Wohlergehen einer Gesellschaft gesichert werden, da es von der inneren Einstellung der Menschen abhängig ist.
Aus diesem Grunde muß die materielle mit der geistigen Entwicklung verbunden werden. Eine gesunde soziale Einstellung muß auf Rücksichtnahme und heilender Hinwendung zu anderen beruhen, das ist für unsere Gesellschaft lebensnotwendig. Die Kultivierung von Güte, Liebe und heilender Hinwendung kann nicht, wie es oft der Fall gewesen ist, auf die religiös Gläubigen beschränkt bleiben.
Aus Ärger und Haß erwächst keine Harmonie. Die Aufgabe der Rüstungskontrolle und Abrüstung kann durch Konfrontation und Verurteilung des anderen nicht gelöst werden. Eine feindliche Gesinnung verschärft die Situation, während aufrichtige Achtung gerade in Interessenkonflikten vermitteln kann. Wir müssen den Widerspruch zwischen kurzfristigen Vorteilen und langfristigem Schaden erkennen. Unabhängig von Rasse, Glaubensüberzeugung, Ideologie, der Zugehörigkeit zu den verschiedenen politischen La-

gern und dem ökonomischen Nord-Süd-Gegensatz müssen wir zuerst anerkennen, daß alle Menschen in ihrem Menschsein gleich sind und daß jeder das gleiche Recht auf ein glückliches Leben hat.
Die Mittel, dies zu erreichen – ökonomische und politische Systeme, Ideologie, Religionen und ähnliches –, sind sekundär. Sie müssen diesem Hauptziel dienen und dürfen nicht Selbstzweck werden und dadurch das Wohlergehen der Gesellschaft gefährden.
Den verschiedenen spirituellen Systemen liegt die Botschaft zugrunde, den Menschen zu verbessern. Obwohl sie mit unterschiedlichen Philosophien verbunden sind, sollten wir uns nicht auf diese Differenzen konzentrieren und dabei das gemeinsame Ziel aus dem Auge verlieren – nämlich den Menschen zu vervollkommnen. Daraus folgt, daß die Anhänger verschiedener Religionen einander achten sollen. Jedes System hat seine eigenen Wertvorstellungen, die den unterschiedlichen geistigen Voraussetzungen und Veranlagungen der Menschen entsprechen. In einer Zeit wie der unseren, in der die Kommunikation so leicht geworden ist, müssen wir uns darum bemühen, die anderen Systeme kennenzulernen. Das bedeutet nicht, eine Einheitsreligion zu schaffen, sondern das gemeinsame Ziel aller Religionen und den Wert der verschiedenen Methoden, die sie zur inneren Vervollkommnung entwickelt haben, zu entdecken.
Diese Methoden sind sowohl für Gläubige als auch für Nichtglaubende nützlich. Bestehen aber nicht trotz dieser gemeinsamen Basis erhebliche Differenzen zum Beispiel zwischen Buddhismus und Kommunismus? Es ist heute ja so, daß ein großer Teil der buddhisti-

schen Kultur, die sich von der Südgrenze Thailands bis nach Sibirien erstreckt, unter kommunistischer Herrschaft steht. Dieses Gebiet wird von mehr als einem Viertel der Menschheit bewohnt, von denen die überwiegende Mehrheit Buddhisten sind.

Dem Kommunismus ist es nicht gelungen, den Buddhismus auszurotten. Es mag ungewöhnlich klingen, aber wenn man die Erfahrungen der letzten Jahrzehnte und den sich abzeichnenden Trend berücksichtigt, könnte es weise sein, einen Dialog zwischen Buddhismus und Kommunismus zu versuchen. Millionen von Menschen haben unter dem Antagonismus dieser beiden Systeme gelitten. Wenn die Buddhisten die Kommunisten mit Argwohn betrachten und beide einander mißtrauen, werden sie sich immer weiter voneinander entfernen und die Möglichkeit einer wirksamen Hilfe für die Menschen in diesen Gebieten verspielen. Theoretisch stimmen der ursprüngliche Marxismus und der Mahāyāna-Buddhismus, abgesehen von vielen Differenzen, auch in grundlegenden Punkten überein: An erster Stelle steht das Gemeinwohl der Gesellschaft. Darum sollten die Anhänger dieser Systeme einander respektieren.

Der Buddhismus ist im Unterschied zu vielen anderen Religionen auch in dem Sinne a-theistisch, daß er nicht von der Idee eines Schöpfergottes ausgeht. Der Buddhismus spricht vielmehr von einer Selbst-Schöpfung in dem Sinne, daß die eigenen Handlungen die Situation, in der man lebt, hervorbringen. In diesem Zusammenhang ist davon gesprochen worden, daß der Buddhismus gar keine Religion, sondern eine Wissenschaft vom Bewußtsein sei.

Im Buddhismus wird erklärt, daß alles vom eigenen Karma abhängt. Das bedeutet, daß die Lebensumstände eines Menschen von seinen Handlungen und Motivationen in der Vergangenheit bestimmt werden und daß er demzufolge die Möglichkeit hat, seine Zukunft durch heilsame Handlungen mit reiner Motivation zu formen. Ähnlich heißt es in der kommunistischen oder marxistischen Theorie, daß alles von der eigenen Arbeit und Mühe des Menschen abhängt.
Außerdem ist die marxistische ökonomische Theorie insofern mit ethischen Prinzipien verbunden, als es in erster Linie um die Nutzbarmachung von Reichtümern und Vermögen geht und nicht um ihre Anhäufung. Die Betonung liegt nicht auf der Akkumulation von Geld, sondern auf dem richtigen Gebrauch des Reichtums zum Wohlergehen der bedürftigen Mehrheit. Ähnlich wird auch im Buddhismus hervorgehoben, daß die Rücksichtnahme auf die Bedürfnisse der anderen Lebewesen primär ist. Man geht hier so weit, daß das Wohlergehen des einzelnen oder der Minderheit dem Wohlergehen der Mehrheit geopfert werden soll. Alle (religiöse) Praxis ist ein Mittel, dem anderen zu dienen.
Ursprünglich war der Kommunismus gegen Ausbeutung und Korruption, nicht notwendigerweise aber gegen die Religion gerichtet. Bestimmte religiöse Institutionen waren korrupt geworden, und dem mußte entgegengetreten werden. Aber ähnlich ist es auch im Marxismus: obwohl er gute Anliegen hat, werden bei der Verwirklichung seiner Ideen oft korrupte Methoden benutzt, und dies muß bekämpft werden. Es muß also immer zwischen dem System, seiner Verwirkli-

chung und denen, die es praktizieren, unterschieden werden.
Alle Religionen treten gegen Ausbeutung und soziale Ungerechtigkeit auf. Der Buddha selbst hat auf revolutionäre Weise die starren Klassengrenzen überwunden und ein System geschaffen, das für die geistige Entwicklung aller Menschen aus allen sozialen Schichten offen ist.
Da die Intention der marxistischen Philosophie also nicht unbedingt antireligiös ist, hat es keinen Sinn, daß religiöse Menschen den Marxismus als antireligiös betrachten und damit Spannungen erzeugen und Mißtrauen säen. Die Gemeinsamkeit in vielen Zielen sollte hervorgehoben werden. Aber auch Marxisten betrachten Religion aus Unwissenheit und Mangel an persönlicher Erfahrung als etwas total Widersinniges, und das ist völlig falsch. Ein wirklicher Marxist sollte enge und dogmatische Einstellungen überwinden und für den Wert spiritueller Lehren offen sein. Und zwar nicht um der Bewahrung der Religion als Institution willen, sondern wegen der erfolgreichen Vervollkommnung der Gesellschaft! Die Entwicklung der letzten Jahrzehnte hat deutlich genug bewiesen, daß die marxistische Ideologie nicht die ganze Antwort auf die Fragen der menschlichen Gesellschaft sein kann. Sie hat ihre guten und schlechten Seiten.
Könnte die marxistische Ideologie die umfassende Entwicklung der menschlichen Gesellschaft garantieren, wäre die Mitwirkung anderer Systeme überflüssig. Nun sieht es aber so aus, daß einige Vertreter des Marxismus die eine privilegierte soziale Klasse nur zerstört haben, um sie durch eine neue zu ersetzen.

Geistige und kreative Prozesse sind zum Stillstand gekommen, und es herrschen Furcht und Mißtrauen unter den Menschen. Dies zeigt, wie unverzichtbar die innere moralische Entwicklung für die Verwirklichung sozialer Programme ist.

Die Geschichte zeigt uns, daß eine politische, ökonomische oder soziale Ideologie nicht ausreicht. So könnte es sinnvoll sein, daß zwei so große Systeme der Welt voneinander lernen. Gewiß, die buddhistische Theorie allein würde für eine umfassende sozial-ökonomische Politik in diesem oder dem nächsten Jahrhundert nicht ausreichen; sie könnte viele Aspekte von marxistischen, sozialistischen und demokratischen Systemen übernehmen. Jene Systeme wiederum könnten vom Buddhismus profitieren, insbesondere hinsichtlich der Entwicklung von sozial-orientierten Verhaltensweisen und Einstellungen der Menschen. Eine derartige Partnerschaft könnte Millionen von Menschen helfen.

Um eine friedliche menschliche Familie aus allen Nationen und aus den unterschiedlichen Religionen und politischen und ökonomischen Systemen zu schaffen, muß jeder von uns seinen Teil der Verantwortung wahrnehmen. Dazu gibt es keine Alternative.

4.6 Gesprächsmöglichkeiten von Wissenschaft und Spiritualität

Es ist mein Glaube, daß das letztgültige Ziel der Menschheit echtes Glück und Zufriedenheit ist. Und das ist mein Ausgangspunkt für unsere Thematik. Um ein Maximum an Glück und Zufriedenheit zu verwirklichen, bedarf es der genauen Kenntnis aller Bereiche, die mit dem Menschen und seiner Suche nach Glück zusammenhängen, handle es sich nun um die materiellen oder spirituellen Gegebenheiten. Wenn wir die so gewonnenen Erkenntnisse optimal anwenden wollen, müssen die richtigen Methoden für die Verwirklichung des Zieles gefunden werden.
Die Erkenntnis der äußeren Erscheinungswelt und die Anwendung dieser Erkenntnisse ist das, was man in der Neuzeit als Wissenschaft bezeichnet. Die Methoden der Erkenntnisgewinnung von inneren Prozessen und Erscheinungen, nämlich des Bewußtseins und des Geistes, konstituieren einen anderen Bereich des Wissens. Beide Wissensbereiche haben dasselbe Ziel, nämlich Glück und Zufriedenheit zu verwirklichen, denn das ist der innigste Wunsch jedes Menschen. Aber nicht nur das Ziel, sondern auch die Methode steht in direkter Beziehung zum Menschen, denn es ist ja das menschliche Individuum, das jenes Wissen in die Praxis umsetzt. Auch der Wissenschaftler, der die äußeren Erscheinungen untersucht, ist ein Mensch, der sich

nach Glück sehnt – ob dies also sein Beruf ist oder nicht: das Bewußtsein spielt für ihn eine wichtige Rolle. Der spirituelle Mensch, dessen Interesse das Bewußtsein oder Meditation ist, muß sich auch um materielle Dinge kümmern. Einer der beiden Aspekte genügt nicht. Hätte man bisher eine einzige umfassende Theorie gefunden, so würde in der Tat nicht das Bedürfnis bestehen, die beiden Disziplinen zusammenzubringen. Sie sind beide wichtig, und ich möchte nun einige Gedanken über ihre Beziehung vortragen.

Der Grundgedanke des Buddhismus ist die Theorie vom »Entstehen in gegenseitiger Abhängigkeit«. Diese Theorie besagt, daß die Dinge und Erscheinungen in gegenseitiger Abhängigkeit voneinander existieren oder daß sie Erscheinungen an einer Sache sind, die wiederum von anderen abhängt. Im Fall einer materiellen Sache würde man dies dahingehend präzisieren können, daß man sagt, eine solche Erscheinung hängt von ihren Teilen ab. Nicht-physische zusammengesetzte Erscheinungen würden so beschrieben, daß man sagt, sie existieren in Abhängigkeit von ihrem Kontinuum oder als Aspekt ihres Kontinuums. Daraus folgt, daß alle inneren und äußeren Erscheinungen grundsätzlich in Abhängigkeit von ihren Teilen oder Aspekten existieren.

Wollte man nun analytisch eine Basis für die aufgetragene Bezeichnung in irgendeiner Erscheinung finden wollen, so wird man nichts finden, das wirklich diese Erscheinung ist – keinen festen Körper, auf den man mit dem Finger zeigen könnte, der eben genau jene Erscheinung ist–, und deshalb sagt man, daß

die Erscheinungen durch die aufgetragene Bezeichnung des Bewußtseins existieren.
Da nun die Erscheinungen nicht unabhängig von dem Bewußtsein, das sie bezeichnet, existieren, spricht man von ihrer »Leere«, und das heißt, daß sie der inneren inhärenten Existenz ermangeln, die von dem bezeichnenden Bewußtsein unabhängig wäre. Weil also die Dinge nicht durch sich selbst, sondern in Abhängigkeit von Bedingungen existieren, verändern sie sich je nach der An- oder Abwesenheit der verschiedenen Bedingungen. So existieren sie aufgrund verschiedener Bedingungen und verschwinden wieder in Abhängigkeit von bestimmten Bedingungen. Dieser Mangel an inhärenter Existenz, die von Ursachen und Bedingungen unabhängig wäre, ist die Grundlage für den beständigen Wandel, der den Erscheinungen zukommt, wie etwa Geburt, Vergänglichkeit und so weiter.
Es wäre vielleicht von Interesse, die Interpretation der Rolle des »Beobachters« in der Wissenschaft mit der buddhistischen Ansicht zu vergleichen, daß beobachtete Erscheinungen nicht bloß als mentales Bild oder Projektion des Bewußtseins, sondern sehr wohl unabhängig vom Bewußtsein existieren. Materie und Bewußtsein sind zwei verschiedene Dinge. Die Materie ist von dem Bewußtsein, das sie erkennt und bezeichnet, zu unterscheiden. Das bedeutet für ausnahmslos alle Erscheinungen, daß sie nicht einfach Schöpfung oder Manifestation des Bewußtseins sind, die überhaupt keine Wesenheiten in sich selbst wären, obwohl sie doch in ihrer letztgültigen Existenzweise in Abhängigkeit vom Bewußtsein existieren, das als »Benenner« wirkt und die Bezeichnung aufträgt. Ihre Existenz-

weise also ist von dem »Benenner« durchaus getrennt, aber ihre Existenz selbst hängt von dem »Benenner« ab. Ich vermute, daß diese Sicht der Dinge mit der wissenschaftlichen Ansicht über die Rolle des Beobachters in Einklang stehen könnte. Man gebraucht hier offensichtlich verschiedene Begriffe, aber die Bedeutung scheint ähnlich zu sein.

Oberflächlich gesehen scheint die Lehre von der Leere der Theorie vom Entstehen in gegenseitiger Abhängigkeit zu widersprechen. Analysiert man die Dinge aber grundsätzlich, erkennt man, daß die Erscheinungen gerade aufgrund ihrer Leere gegenseitig voneinander abhängen oder entstehen und daß sie aufgrund dieser Abhängigkeit von Natur her leer sind. So kann man auf einer einzigen Argumentationsgrundlage sowohl vom Entstehen in gegenseitiger Abhängigkeit als auch von Leere sprechen. Die beiden Lehren, die oberflächlich zunächst einander zu widersprechen scheinen, sind damit in tieferer Analyse in ihrer Einheit beziehungsweise Komplementarität erkannt.

Die Existenzweise der Erscheinungen ist differenziert durch die Art und Weise ihrer Erscheinung. Erscheinungen erscheinen dem Bewußtsein anders, als sie tatsächlich in ihrer Existenzweise sind. Wenn das Bewußtsein ihre Art und Weise der Erscheinung erkennt, nimmt es diesen Erscheinungsmodus als wahr an. Folgt das Bewußtsein dann seinem daraus geformten Konzept, macht es Fehler. Da das Konzept aufgrund der Fehlerkenntnis des Objekts völlig falsch ist, widerspricht es der tatsächlichen Existenzweise der betreffenden Erscheinung oder der Wirklichkeit, so, wie sie ist. Diese Diskrepanz also zwischen dem, »was ist«, und dem, »was erscheint«, ist darauf zurückzuführen, daß die Erscheinungen in Wirklichkeit leer in bezug auf inhärente Existenz sind, dem gewöhnlichen Verstand aber durchaus so erscheinen, als verfügten sie über inhärente Existenz.

In gleicher Weise erscheinen die Dinge so, als wären sie permanent und unwandelbar, obwohl in Wirklichkeit alles, was von Ursachen abhängt – die gesamte Wirklichkeit also –, impermanent, vergänglich und dem steten Wandel unterworfen ist. Und wiederum: Etwas, das in seiner wahren Natur leidvoll ist, erscheint als glückvoll, und etwas, das in Wirklichkeit falsch ist, erscheint als wahr. Es gibt viele Ebenen von Subtilität hinsichtlich dieses Widerspruchs zwischen Existenzweise und Erscheinungsweise der Erscheinungen. Jedenfalls ist das Resultat dieses Widerspruchs zwischen dem, »was ist«, und dem, »was erscheint«, der Fehler. Diese Erörterung könnte einige Gemeinsamkeiten mit der Ansicht der Wissenschaftler über die Differenz zwischen Erscheinungs- und Existenzweise bestimmter Phänomene haben.

Einsicht in die Bedeutung der Leere und das Entstehen in gegenseitiger Abhängigkeit wird ganz natürlich zu einem vertieften Verständnis des Gesetzes von Ursache und Wirkung, der Kausalität also, führen, das besagt, daß aufgrund unterschiedlicher Ursachen und Bedingungen entsprechende positive oder negative Wirkungen oder Früchte zu erwarten sind. Man wird dann den Ursachen größere Aufmerksamkeit widmen und die Bedingungen bewußter wahrnehmen. Versteht man die Lehre von der Leere gut und ist mit der Argumentation vertraut, so können Fehler wie Anhaften an den Dingen, Haß und so weiter im Bewußtsein vermindert werden, denn sie hängen ja von einer falschen Wahrnehmung ab; und falsch eben deshalb, weil nicht richtig zwischen dem, »was ist«, und dem, »was erscheint«, unterschieden wurde.

So werden Sie zum Beispiel aus eigener Erfahrung wissen, wie sich Ihre Gefühle gegenüber einem Gegenstand Ihrer Beobachtung verändern, wenn sich der Zustand Ihres Bewußtseins verändert hat. Obwohl das Objekt völlig das gleiche bleibt, wird Ihre Reaktion viel weniger intensiv sein, wenn Ihr Bewußtsein ruhig ist, als wenn es von einer starken Emotion wie etwa Ärger bewegt wird.

Die tatsächliche Existenzweise der Erscheinungen, die nackte Wahrheit der Wirklichkeit, ist die Leere. Hat man dies verstanden und begreift die dazu im Widerspruch stehende Erscheinungsweise der Phänomene, wird man unmittelbar in der Lage sein, diese fehlerhafte Wahrnehmung der Wirklichkeit zu durchschauen. Die Folge davon ist, daß alle mentalen Verunreinigungen wie Anhaften, Haß und so weiter an Intensität abnehmen werden. Denn sie sind Resultat der Verblendung, die auf der widersprüchlichen Erscheinungsweise der Phänomene beruht.

Wir könnten weiter fragen: Wie kommen nun eigentlich die verschiedenen Ebenen des Bewußtseins oder des Geistes, die Objekte wahrnehmen, selbst zur Existenz? Verschiedene Bewußtseinsebenen existieren im Zusammenhang mit unterschiedlichen Graden an Subtilität hinsichtlich der inneren Energie, die das Bewußtsein aktiviert und auf ein bestimmtes Objekt lenkt. Der Grad an Subtilität und Stärke, mit dem das Bewußtsein

auf das Objekt gelenkt wird, ist verantwortlich für die jeweils unterschiedliche Bewußtseinsebene. Es ist außerordentlich wichtig, sich über das Verhältnis zwischen dem inneren Bewußtsein und der äußeren materiellen Substanz im klaren zu sein. Viele östliche Philosophien und besonders der Buddhismus sprechen von vier Elementen: Erde, Wasser, Feuer und Luft, oder auch von fünf Elementen, wenn man den Raum hinzuzählt. Die ersten vier Elemente werden durch die Raumfunktion unterstützt, durch die sie erst in die Lage versetzt werden zu existieren und zu wirken. Raum oder »Äther« dient dann also als Basis für die Funktion all der anderen Elemente.
Diese fünf Elemente können in zwei Untergruppen unterteilt werden: die äußeren fünf Elemente und die inneren fünf Elemente. Zwischen beiden besteht eine bestimmte Beziehung. In bezug auf das Element Raum oder »Äther« sagen einige buddhistische Texte wie zum Beispiel das Kālacakra Tantra, daß Raum nicht totale Leere sei, in der überhaupt nichts sei, sondern man spricht von »leeren Partikeln«. Dieses leere Partikel also dient als Basis für die Evolution und Dissolution der vier anderen Elemente. Sie werden von ihm hervorgebracht und von ihm schließlich auch wieder absorbiert. Der Prozeß der Auflösung spielt sich in folgender Reihenfolge ab: Erde, Wasser, Feuer und Luft. Der Prozeß der Evolution oder Entstehung läuft dagegen in umgekehrter Reihenfolge ab: Luft, Feuer, Wasser und Erde. Diese vier Elemente kann man besser in der folgenden Begrifflichkeit verstehen: feste Materie (Erde), Flüssigkeit (Wasser), Hitze (Feuer), andere Energien (Luft). Die vier Elemente entstehen

von der subtileren Ebene aus bis zu den groben, indem sie von ihrer Basis – den Raumpartikeln – ausgehen, und sie lösen sich auf von der groben Ebene aus in die subtileren, bis sie schließlich vom Raumpartikel absorbiert werden. Raum oder das leere Partikel ist die Grundlage für den ganzen Prozeß.

Das Modell vom »Urknall«, der sich am Anfang der Evolution des Universums zugetragen hat, kann vielleicht mit der Theorie des leeren Partikels verglichen werden. Die subtilsten, feinsten Teilchen, die von der modernen Physik beschrieben werden, scheinen eine gewisse Ähnlichkeit mit dem leeren Partikel zu haben. Solche Ähnlichkeiten, meine ich, sind der genaueren Analyse zu unterziehen, und ich vermute, daß die Mühe sich lohnen könnte.

In der spirituellen Perspektive des Buddhismus ist es der Zustand des Bewußtseins, sei er nun diszipliniert oder nicht, der das Karma produziert. Darin stimmen viele östliche Philosophien überein. Karma heißt »Tat«. Es hat einen bestimmten Einfluß auf die inneren Elemente, die wiederum die äußeren Elemente beeinflussen. Auch dies wäre ein Thema für weiteres Nachforschen.

Ein anderes Feld der Philosophie des Tibetischen Buddhismus, das für die Wissenschaft von Interesse sein dürfte, ist die Beziehung zwischen physischen Elementen und Nerven auf der einen und Bewußtsein auf der anderen Seite, insbesondere das Verhältnis zwischen den Gehirnsubstanzen und dem Bewußtsein. Dabei handelt es sich auch um die Bewußtseinsveränderungen, glückliche oder unglückliche Bewußtseinszustände und so weiter und die Wirkung, die dieselben auf die Gehirnsubstanzen und dann weiter auf den ganzen Körper haben. Bestimmte körperliche Krankheiten klingen ab oder verschlimmern sich entsprechend dem Bewußtseinszustand. Was also diesen Zusammenhang zwischen Körper und Bewußtsein anlangt, kann der Buddhismus mit Sicherheit einen wichtigen Beitrag zur modernen Wissenschaft leisten.

Der Buddhismus erklärt außerdem mit sehr großer Präzision die verschiedenen Subtilitätsgrade im Bewußtsein selbst. Diese werden sehr ausführlich und deutlich in den Tantras beschrieben. Eine wissenschaftliche Analyse dieser Dinge könnte meiner Meinung nach außerordentlich nützliche Resultate hervorbringen. In bezug auf die unterschiedlichen Subtilitätsgrade teilt man das Bewußtsein in drei verschiedene Ebenen ein: den Wachzustand oder die grobe Subtilitätsebene des Bewußtseins, den Traumzustand, der subtiler ist, und den traumlosen Schlafzustand des Bewußtseins, der noch subtiler ist.

In ähnlicher Weise werden auch die drei Stadien von Geburt, Tod und dem Zwischenzustand zwischen Tod und Geburt mit den Subtilitätsgraden und Ebenen des Bewußtseins in Verbindung gebracht. Während des Sterbeprozesses erfährt der Mensch die innersten und subtilsten Bewußtseinsebenen. Nach dem Tod tritt das Bewußtsein während des Zwischenzustandes in weniger subtile Zustände ein, und im Verlaufe des Geburtsprozesses wird das Bewußtsein dann immer weniger subtil. Auf der Grundlage der Kontinuität des Bewußtseinsstromes beruht die Theorie von Wiedergeburt und Reinkarnation. Wir verfügen gegenwärtig über eine Anzahl von gut dokumentierten Fällen von Individuen, die sich an ihre vorigen Leben erinnern. Es scheint, daß es der Mühe wert wäre, diese Phänomene zu untersuchen, um das Wissen des Menschen auch in dieser Hinsicht zu vertiefen.

4.7 Fragen und Antworten

1. Die Zukunft Tibets

Frage: In einem Interview vor einigen Jahren sagten Eure Heiligkeit, Sie seien sicher, daß Tibet seine Freiheit wiedergewinnen werde, auch wenn es zwanzig oder dreißig Jahre dauern sollte. Denken Sie noch immer so? Unter welchen Bedingungen könnte diese Befreiung Ihrer Ansicht nach stattfinden?
Antwort: Sicher! Ich bin jetzt mehr denn je zuvor davon überzeugt. Natürlich wissen wir nicht, wie sich diese Befreiung im einzelnen ereignen wird. Grundlage unserer Hoffnung ist die Entschlossenheit der Tibeter in und außerhalb von Tibet. Aber auch die Tatsache, daß die inneren ökonomischen, sozialen und politischen Probleme in China und auch in Tibet andauern, läßt uns hoffen, daß Tibet seine Rechte wiedererlangen wird.
Die tibetische Frage ist für die Chinesen seit 1959 ein äußerst sensitives Thema. Auf jede Erwähnung Tibets reagierte man in China überwachsam. Das beweist einen Mangel an Vertrauen in die eigene Machtposition.
F: Welchen politischen und sozialen Kurs würden Sie im Falle einer Rückkehr nach Tibet vertreten?
A: Anfang der sechziger Jahre wurde das Konzept einer tibetischen Verfassung entworfen, aber das war

natürlich nur ein erster Versuch. Grundlagenentscheidungen in der Politik müssen in Übereinstimmung mit dem Willen der Mehrheit des Volkes getroffen werden, und das wären im Falle Tibets jene, die während der chinesischen Okkupation in Tibet geblieben sind.

F: Wird es schwierig sein, die tibetische Religion, Kultur und Lebensweise wiederherzustellen?

A: Hinsichtlich der Religion wird es schwierig sein, aber dies liegt bei jedem einzelnen. In bezug auf die Kultur werden weitere Überlegungen notwendig sein. In der ursprünglichen Tradition waren Religion und Politik stark miteinander verflochten. Der Begriff »Politik« hat hier eine andere Bedeutung als im Westen. Er meint lediglich die Administration weltlicher Angelegenheiten. »Weltliche« Angelegenheiten beziehen sich nur auf dieses Leben, während Religion Handlungen und Motivationen einschließt, die überzeitliche Bedeutung haben. Mit anderen Worten, »weltlich« meint die Aufrechterhaltung eines angemessenen Lebensstandards, Religion hingegen beinhaltet die Entwicklung des Bewußtseins. Da alle Menschen aus Körper und Bewußtsein bestehen, wäre es ideal, wenn beides miteinander verbunden werden könnte.

Viele Länder sind materiell hoch entwickelt, und trotzdem leiden die Menschen dort geistige Not. Ist auf der anderen Seite ein Land spirituell entwickelt, hat dabei aber einen niedrigen Lebensstandard, wie beispielsweise Indien, so leiden die Menschen physische Not wie Krankheit, Hunger und ähnliches mehr. Wenn weltliche und religiöse Angelegenheiten in einem Regierungssystem zusammengefaßt werden könnten, so wäre dies sicherlich von Vorteil. Darum glaube ich, daß, um ein wirklich effektives System zu haben, der maßgebende Mensch im Staate entweder ein Heiliger oder ein Philosoph sein muß.

In Tibet ist eine solche Verbindung von weltlichen und religiösen Angelegenheiten versucht worden. Wie alle sozialen Systeme hatte auch das tibetische seine Mängel. Einerseits war der Lebensstandard nicht immer zufriedenstellend, anderseits waren spirituelle Meister oft übermäßig in Politik verwickelt, was direkt oder indirekt der Reinheit der Religion geschadet hat. Wenn wir nach Tibet zurückkehren, werden wir diesem Problem große Aufmerksamkeit widmen und in Übereinstimmung mit dem gegenwärtigen Stand der Entwicklung handeln müssen.

Nationale ökonomische Theorien sind viel zu kompliziert, als daß sie hier erörtert werden könnten, zusammenfassend läßt sich jedoch sagen, daß, wenn ein Staat beansprucht, daß alle seine Bürger gleich sind, er auch sicherstellen muß, daß alle Bürger ökonomisch gleichgestellt sind. Wenn es keine ökonomische Gleichheit gibt, können politische Rechte in der Praxis nicht wirken. Ein Armer kann niemals mit einem Reichen konkurrieren. Diese Gleichheit zu verwirklichen ist ein schwieriges Problem. Es wäre schön, wenn man es der Redlichkeit des einzelnen überlassen könnte, wie ja auch der buddhistische Mönch für seinen eigenen religiösen Weg verantwortlich ist. Aber das wäre eine Utopie. Vielleicht könnte hier der Sozialismus etwas beitragen. Unglücklicherweise ist kein ideologisches System perfekt; jedes hat seine guten und schlechten Seiten. Im Falle Tibets werden wir die einzigartige Geographie,

die Mentalität der Tibeter und die gegenwärtigen Umstände zu berücksichtigen haben.
Die augenblickliche politische Atmosphäre in der Welt ist keineswegs gut und gesund. Es scheint, daß Egozentrizität und Haß in jedem System dominieren. So würde es weder den tibetischen Menschen helfen noch die Kombination von Politik und Religion ermöglichen, wenn wir diese Politik nachahmen würden.
Politik sollte ein Instrument sein, der Gesellschaft zu dienen, aber heutzutage scheint manchmal genau das Gegenteil der Fall zu sein.

2. Politische Theorien

F: Es wird allgemein angenommen, daß Politik und Spiritualität einander widersprechen, doch die Dalai Lamas scheinen eine Ausnahme zu sein. Liegt die Antwort zu dieser Frage vielleicht in der Form des Buddhismus, die die Dalai Lamas vertreten, und wenn ja, warum?
A: In Tibet war das gesamte Regierungssystem, das Tausende von Familien einschloß, auf diese Verbindung gegründet. Vielleicht war ein solches System in Tibet besser durchführbar als woanders, weil seine Religion, der Mahāyāna-Buddhismus, das Wohl der anderen Lebewesen und daher auch die Erfüllung der Bedürfnisse der Gesellschaft besonders betont. Unser System hat auch Fehler, die aber nicht dem Mahāyāna-Buddhismus, sondern der sozialen Struktur zugeschrieben werden müssen.
F: Viele Politologen behaupten, daß eine religiöse Re-

gierung in einer Industriegesellschaft nicht möglich sei. Wie sehen Sie das?
A: Ich glaube nicht, daß es in irgendeiner Weise problematischer wäre, eine solche Regierung in einer Industriegesellschaft als in einer Agrargesellschaft zu haben. Religion ist eine Sache der geistigen Einstellung und hat zunächst grundsätzlich nichts mit den physischen Gegebenheiten zu tun, von denen sie umgeben ist.
F: Wie denken Eure Heiligkeit über Gewaltanwendung, zum Beispiel den Kampf der Guerillas und Sabotage, als politisches Mittel?
A: Gewalt ist immer abzulehnen, und besonders in der tibetischen Situation ist sie nicht sinnvoll.

3. Tibet und China in der Geschichte

F: China behauptet, viele Jahrhunderte hindurch die Vorherrschaft über Tibet ausgeübt zu haben. Tibet jedoch hat diese Vorherrschaft nie anerkannt und so in scheinbarer Unabhängigkeit gelebt. Wie interpretieren Eure Heiligkeit das Verhältnis der beiden Länder in der Geschichte?
A: In religiöser Hinsicht haben die Tibeter dieses Verhältnis immer als das von Guru und Patron betrachtet. Jahrhundertelang suchte der Hof von China bei den hohen Lamas von Tibet spirituelle Führung, und als Erwiderung besuchten tibetische Lamas regelmäßig China, um Unterweisungen zu geben.
In politischer Hinsicht hatten beide Länder schon zuzeiten der großen Könige von Tibet (6. bis 8. Jahrhundert n. Chr.) einen gleichen Status. Einmal drangen

tibetische Truppen sogar in China ein, so daß der chinesische Herrscher fliehen mußte, um sein Leben zu retten.
Doch Geschichte spricht immer in der Vergangenheitsform, während nur die gegenwärtige Realität wirklich zählt. Wenn die Tibeter jetzt unter der chinesischen Besatzung glücklich wären und die Mehrheit des tibetischen Volkes zufrieden und damit einverstanden wäre, unter chinesischer Vorherrschaft zu bleiben, hätte sich die Angelegenheit erledigt. Ob Tibet in der Vergangenheit unabhängig war oder nicht, wäre dann irrelevant. Aber die aktuelle Situation ist so, daß die Tibeter keineswegs mit der chinesischen Besetzung zufrieden sind, weder in kultureller noch in materieller Hinsicht. Seit 1959 hatten die Chinesen in Tibet freie Hand. Es war ihnen möglich, all das zu verwirklichen, was sie propagiert hatten. Sie hätten wenigstens in der Lage sein sollen, den Lebensstandard der Menschen zu verbessern, aber auch das ist nicht geschehen.

4. Das Leben im Exil

F: Betrachten Eure Heiligkeit die Exilregierung noch immer als die einzig legale Vertretung der Menschen von Tibet?
A: (Lachen.) Wir sollten uns nicht zu sehr über »legal« oder »illegal« Gedanken machen. Selbst eine legale Regierung kann manchmal »illegal« werden, und eine »illegale« hat immer den Wunsch, legal zu werden. Was zählt, ist die Hoffnung, die die Mehrheit der Tibeter in diese Regierung setzt. Darum tragen wir eine große Verantwortung. Wir erleben die dunkelste Zeit

in Tibets zweitausendeinhundertjähriger Geschichte. Ich empfinde es als große Ehre und Privileg, die Verantwortung, die meine Stellung mit sich bringt, zu tragen.

F: Welche Aufgaben hat die Exilregierung, und was ist bisher erreicht worden?

A: Die hiesige Regierung setzt sich aus verschiedenen Büros zusammen, deren Leiter größtenteils von den Flüchtlingen gewählt worden sind. Sie werden bei jeder weitreichenden Frage konsultiert und müssen die Aufgaben ihrer Büros wahrnehmen und die Verbindung zur Bevölkerung aufrechterhalten.

Hinsichtlich der Flüchtlingsarbeit liegt die Hauptaufgabe in der Ausbildung der Jugend und in Ansiedlungsprogrammen für die Erwachsenen. Unsere Hauptverantwortung sehen wir jedoch in der umfassenderen Aufgabe, die Rechte des tibetischen Volkes wiederzugewinnen, und alles, was wir unter den jetzigen Umständen dazu tun können, wird getan.

F: Sie haben jetzt genau die Hälfte Ihres Lebens außerhalb von Tibet verbracht. Sind Sie des Lebens im Exil müde?

A: Nein, das Leben als Flüchtling hat mich vieles gelehrt. Es hat meiner spirituellen Praxis geholfen. In einer verzweifelten Situation kann man nicht vortäuschen, daß alles in Ordnung sei. Man muß die Realität akzeptieren. Der Dalai Lama ist realistischer geworden. Als ich in Tibet lebte, war der Dalai Lama eine wirklich zentrale und mit Machtfülle ausgestattete Figur. Trotz meiner eigenen Versuche, mit den einfachen Menschen in Kontakt zu kommen, war das manchmal schwierig. Jetzt habe ich viel mehr Kontakt zu den

Menschen. Eine tibetische Redensart sagt: »Wenn du ein Mönch wirst, wird jeder bewohnbare Ort dein eigenes Land.« Ob ich also in Tibet oder Indien oder Amerika oder Europa bin, das macht keinen so großen Unterschied – abgesehen vom Klima, manchmal ist es sehr heiß.

F: Wie auch für andere Flüchtlingsgruppen muß die Bewahrung der tibetischen Kultur für Sie ein immer gegenwärtiges Anliegen sein. Kann die tibetische Kultur für die neue heranwachsende Generation in Indien, die nie ihr Heimatland gesehen hat, erhalten bleiben? Wie begegnen Sie dem Druck der Anpassung an eine andere Kultur?

A: Die Exilgemeinschaft hat sich von Anfang an um die Bewahrung tibetischer Kultur und Identität bemüht. In Indien und überall sonst versuchen wir, unsere Siedlungen so zu gestalten, daß die tibetischen Traditionen bewahrt bleiben.

Nehmen Sie zum Beispiel die Ausbildung. Mit Hilfe und finanzieller Unterstützung des vormaligen Premierministers Nehru konnten wir eigene tibetische Schulen gründen, in denen die Schüler tibetische Sprache und Geschichte lernen können.

In Dharamsala haben wir eine zentrale Stelle, die ausgezeichnete Verbindung zu den Tibetern in Indien und auch in anderen Ländern unterhält. Diese engen Kontakte helfen uns auch, unsere Identität zu bewahren.

In vielen Ländern zeigen immer mehr Menschen Interesse an tibetischen Traditionen und tibetischem Buddhismus. Das, so denke ich, hilft den jungen tibetischen Exilanten. Einmal könnten sie vielleicht einfach vergessen haben, was es bedeutet, ein Tibeter zu sein.

Nun sehen sie aber am Beispiel der Ausländer, daß unsere Kultur ihren Wert hat. Wir haben unser Land verloren, das ist wahr. Aber nicht aus inneren Gründen, sondern durch äußere Aggression.
Ich sage diesen jungen Tibetern immer: »Ihr seid Tibeter, ob ihr in Amerika oder irgendwo anders lebt. Auch wenn ihr euch noch so bemüht, könnt ihr nie ganz und gar in der westlichen Kultur aufgehen. Wenn ihr eure Kultur vergeßt, werdet ihr weder Tibeter noch Europäer oder Amerikaner sein. Es ist besser und letztlich in eurem eigenen Interesse, den tibetischen Lebensstil fortzuführen.«
F: Obwohl Sie die jungen Tibeter dazu auffordern, ihre Identität zu bewahren, lernen sie nun in technisch weiter entwickelten Ländern Neues hinzu. Wird diese plötzliche Konfrontation mit der modernen Welt Ihrer Meinung nach eine positive Wirkung haben, wenn sie nach Tibet zurückkehren?
A: Zweifellos. Wir müssen unsere alte Lebensweise ändern. Tibet war sehr rückständig. Wir müssen uns am Weltmaßstab orientieren und ein modernes Land entwickeln. Dabei halte ich jedoch an meiner Überzeugung fest, daß materieller Fortschritt und innere geistige Entwicklung miteinander verbunden werden müssen. Beides muß zusammengehen, sonst werden wir weder Glück noch Zufriedenheit erlangen.
F: Die Tibeter hier in Indien sind Flüchtlinge. Sie sind arm, und doch wirken sie auf den Beobachter fröhlich. Worin besteht das Geheimnis?
A: Ich weiß es nicht, aber vielleicht gehört dazu, was ich gerade sagte: Unsere Tradition basiert auf der Erkenntnis, daß das menschliche Leben oder das Recht

des Menschen von grundlegender Bedeutung ist. Wir Tibeter betrachten das Leben, jedes Leben, als etwas Heiliges, so daß wir, selbst wenn ein kleines Insekt getötet wird, unmittelbar mit Mitleid darauf reagieren. Darin besteht die Stärke unserer Gesellschaft. Wir sind normalerweise glücklich und gutherzig, obwohl es gelegentlich auch zu Kämpfen und Töten kommt. Aber allgemein leben wir in Harmonie und gegenseitigem Wohlwollen, hauptsächlich aufgrund der Lehren des Mahāyāna-Buddhismus, der Güte, heilende Hinwendung, Liebe und Toleranz lehrt.

F: Glauben Sie, daß die Flüchtlinge eines Tages nach Tibet zurückkehren dürfen?

A: Es ist möglich. Davon bin ich fest überzeugt. Solange die Menschen dazu entschlossen sind, werden sich die Dinge auch ändern. In Tibet selbst ist der Nationalismus sogar stärker als unter den Tibetern im Exil. Bemerkenswerterweise ist die Entschlossenheit des tibetischen Volkes vielleicht sogar größer als die des Dalai Lama. Die eigentliche Ursache für diese Entschlossenheit sind die Chinesen. Die Chinesen haben die Tibeter stark und entschlossen gemacht, mehr noch, sie haben dafür gesorgt, daß die Tibeter eine bestimmte Willenskraft und Einigkeit entwickelt haben. So gesehen, sollten wir den Chinesen dankbar sein! (Er lacht.)

F: Wenn Sie die Möglichkeit hätten, zu allen Tibetern zu sprechen, was würden Sie ihnen sagen?

A: Bemüht euch um eine gute Ausbildung und seid ehrlich!

5. Das heutige Tibet

F: Erhalten Eure Heiligkeit zuverlässige Informationen über das, was heute in Tibet vor sich geht?
A: Sicher. Das ist unbedingt notwendig. Wir müssen hier in Übereinstimmung mit den Wünschen der Tibeter, die in Tibet leben, handeln, und darum müssen wir wissen, was sie denken.
F: Gibt es in Tibet noch Gruppen von Guerillas, die gegen die Chinesen kämpfen?
A: Die Existenz großer organisierter Guerillatruppen wäre kaum möglich, aber es gibt von Zeit zu Zeit immer wieder Revolten, die aus Verzweiflung entstehen.
F: Wie viele Chinesen leben heute in Tibet, und wie viele von ihnen sind Soldaten?
A: Es ist schwierig, das genau zu sagen. Ich würde schätzen, daß etwa dreihunderttausend Soldaten dort sind. Genau vor dem Aufstand in Lhasa 1959 waren es mehr als einhundertzwanzigtausend Soldaten. Um Tibet kontrollieren zu können, sind ungefähr zweieinhalbmal so viele Soldaten notwendig. Zusätzlich dazu wurden schätzungsweise einhunderttausend Zivilisten nach Tibet gebracht.
F: Flüchtlinge haben berichtet, daß tibetische Frauen gezwungen worden sind, chinesische Soldaten zu heiraten, und daß tibetische Kinder gewaltsam von ihrem Eltern getrennt und zur »Ausbildung« nach China geschickt worden sind; ersteres, um Tibet als eine Rasse zu vernichten, und letzteres, um seine Kultur zu zerstören. Was ist der Erfolg solcher Maßnahmen?
A: Beide sind fehlgeschlagen. Die meisten der gewalt-

samen Heiraten sind inzwischen wieder aufgelöst worden, und das ganze Projekt ist verurteilt worden.
Von den Kindern, die nach China gebracht worden waren, sind die meisten schließlich nach Tibet zurückgekehrt und arbeiten jetzt in den unterschiedlichsten Berufen. Während sie mit großem Enthusiasmus begannen, wurden sie nach und nach anti-chinesisch. In China hörten sie nur chinesische Propaganda – Fortschritt, Entwicklung, Glück und so weiter–, doch in Tibet sahen sie dann, was wirklich geschieht. Sie wurden desillusioniert und nahmen schließlich Schlüsselpositionen in der Widerstandsbewegung ein. Einige werden verhaftet, doch die meisten nutzen ihr Training zu subtiler Arbeit gegen die Chinesen. Die gute Ausbildung, die sie von den Chinesen erhielten, benutzen sie nun, um sich den Chinesen zu widersetzen. Und so ist diese Taktik für die Chinesen genau ins Gegenteil umgeschlagen. Für uns jedoch ist sie sehr erfolgreich gewesen.
F: Welche Sprache wird im Bildungswesen und in der staatlichen Verwaltung benutzt?
A: In staatlichen Stellen wird fast ausschließlich Chinesisch gesprochen. In den Schulen werden die meisten Fächer auch in chinesischer Sprache unterrichtet. Die Chinesen haben ja eine recht schlaue Methode gefunden: Tibetisch wird unterrichtet, doch wer mehr Interesse für Chinesisch zeigt, hat bessere Aussichten, und ihm werden keine Hindernisse in den Weg gelegt. Das Niveau der Ausbildung ist sehr niedrig, das Schwergewicht liegt auf Maos Philosophie. Der größte Teil der Schulen ist mehr mit Arbeitslagern als mit Ausbildungsstätten vergleichbar.

F: Die Chinesen behaupten, sie hätten die ökonomischen Einrichtungen und das Schulwesen in Tibet verbessert. Ist dieser Anspruch in irgendeiner Weise gerechtfertigt?
A: Was die Ausbildung betrifft, so haben sie mehr Schulen gegründet. Vor 1959 gab es nur wenige Schulen, und moderne Ausbildung existierte praktisch nicht. Aber wir müssen diese Frage im größeren Zusammenhang sehen. Zuerst einmal ist das wirkliche Niveau der Ausbildung sehr niedrig und mehr einem Kinderarbeitslager vergleichbar. Außer einer kurzen Studienzeit werden die Kinder als Feldarbeiter eingesetzt. Seit 1979 (das Datum einer allgemeinen Liberalisierung in China) hat sich diese Situation etwas verbessert. Im alten Tibet kannte man keine moderne Ausbildung, sondern viele der Klöster waren Zentren des Lernens. All dies ist von den Chinesen total zerstört worden.
Es besteht kein Zweifel, daß die wirtschaftliche Produktion gewachsen ist. Nur wird die gesamte Produktion strengstens kontrolliert. Der größte Teil der Produkte wird nach China gebracht, und das, was den Tibetern zum Leben bleibt, ist wenig. Alles ist rationiert, und der Magen der Menschen bleibt oft leer.
F: Sie sagten, daß die Religiosität der Jugend heute oft stärker sei als die ihrer Eltern. Warum?
A: Die Chinesen haben das religiöse Leben so sehr unterbunden, daß sie genau das Gegenteil erreicht haben. Selbst die älteren Tibeter sind von der Intensität der Religiosität überrascht. Unter der heutigen tibetischen Jugend gibt es keinen einzigen herausragenden Kommunisten. Von den älteren Tibetern, die zwischen

1930 und 1940 der kommunistischen Partei beigetreten waren, sind nahezu alle in Ungnade gefallen. Die jungen tibetischen Kommunisten sind ungebildet und einfältige Kriecher. Einige können nicht einmal Tibetisch lesen. Natürlich werden sie von den Leuten nicht respektiert, und man nennt sie »Helikopter«, weil sie so schnell befördert werden.

6. Beziehungen zwischen Indien und Tibet

F: Braucht Indien eine tibetische Pufferzone?
A: Diese Frage kann ich nicht genau beantworten. Ich repräsentiere weder die indische Regierung noch das indische Volk. Doch ganz allgemein gesehen, sind Indien und Tibet historisch und kulturell eng miteinander verbunden. Der Buddhismus kam aus Indien nach Tibet, und mit dem Buddhismus floß auch die indische Kultur in Tibet ein. In kultureller Hinsicht sind wir Tibeter Schüler Indiens; es ist unser Guru, wir sind seine Schüler. So gesehen, hängen wir historisch miteinander zusammen. Die Tibeter sind trotz der großen Entfernung und trotz des harten und gefährlichen Weges jahrhundertelang zu den buddhistischen Pilgerstätten in Indien gereist. Ebenso haben auch viele Inder die Pilgerstätten in Tibet besucht, wie den Berg Kailas, den See Manasarovar und so weiter. Auch die ungeheure Kälte konnte Tausende von indischen Freunden nicht davon abhalten, diese heiligen tibetischen Stätten regelmäßig zu besuchen. So kann unsere kulturelle Beziehung als intensiv bezeichnet werden. Außerdem ist die geographische Grenze Tibets riesig und befindet sich in den rauhen Bergen des Himalaja.

Jedes politische Problem in Tibet betrifft daher natürlich auch Indien. Unter diesem Gesichtspunkt ist Tibet bedeutsam für Indien.

7. Buddhismus und Marxismus

F: Sie sagen oft, daß Sie im Kommunismus auch gute Ansätze sehen würden. Was meinen Sie damit?
A: Gäbe es am Kommunismus überhaupt nichts Positives, so würden sich nicht so viele Menschen davon angezogen fühlen. In der Praxis gibt es natürlich viele Mängel.
Einer der Hauptgründe, warum ich den Kommunismus prinzipiell respektiere, liegt darin, daß es ihm im wesentlichen um die Mehrheit, die untere Klasse, die arbeitenden Menschen also, geht. Hier gibt es eine Theorie, in deren Mittelpunkt die arme Bevölkerung steht, jene, deren Not lebensbedrohlich ist. Und das ist gut. Die kommunistische Theorie basiert auf der Einteilung der Menschen in Produzenten und Konsumenten, und sie lehnt es ab, daß die Masse produzieren muß, während nur einer kleinen Gruppe der Konsum gewährt wird. Ich glaube, dieser Gedanke ist gut.
Soziale und politische Gleichheit ist ohne ökonomische Gleichheit kaum realisierbar. Ich möchte hier nicht Kritik an anderen Systemen und Ländern üben; dazu habe ich kein Recht. Jedes Land hat ein Recht darauf, seine eigenen Ideen zu verwirklichen. Das ist wichtig. Und darum soll dies nicht als Kritik verstanden werden. Aber in vielen sogenannten demokratischen Ländern nehmen die Reichen überall die ersten Positionen ein. In der Verfassung ist die Gleichheit zwar garan-

tiert, doch aufgrund ihrer schlechten ökonomischen Lage können die Armen keine politische Macht ausüben und Spitzenfunktionen einnehmen.
Natürlich wäre es ideal, wenn jeder freiwillig teilen würde, in dem Sinne, wie es der frühere Premierminister Indiens, Morarji Desai, verlangt hat, als er an die indischen Großgrundbesitzer appellierte, überschüssiges Land abzugeben. Er hatte damit sogar einigen Erfolg. Aber der Mensch ist nicht immer uneigennützig. Solange kein Druck ausgeübt wird, werden viele Menschen nicht hören. Darin sehe ich die Schwierigkeit. Wenn daher eine Organisation versucht, Gleichheit für alle Menschen zu schaffen, so finde ich das gut. Ich beziehe mich hierbei allerdings auf den ursprünglichen und nicht auf den in verschiedenen Ländern tatsächlich praktizierten Kommunismus. Denn da bin ich selbst manchmal ratlos: China klagt Rußland an, keinen echten Marxismus zu praktizieren, und Rußland meint dasselbe von Beijing. Wer hat nun recht? Ich weiß keine Antwort auf diese Frage. Inzwischen hat sich auch in Europa der Kommunismus ausgebreitet, und es sind französische, italienische und spanische kommunistische Parteien entstanden.
F: Sie erwähnten, daß es zwischen Buddhismus und Marxismus Ähnlichkeiten gebe. Könnten Sie die wichtigsten Unterschiede nennen?
A: Im Buddismus geht es nicht nur um das jetzige Leben, sondern auch um die zukünftigen Leben. Auch wird der materielle Fortschritt nicht so sehr hervorgehoben. Außerdem geht es dem Buddhismus um alle Lebewesen, nicht nur um die Menschen.
Im Marxismus spielt nur dieses Leben eine Rolle, nur

das Materielle, nur die Menschen und nur die arbeitende Klasse; und hier wiederum nur die Parteimitglieder, und auch da wieder nur die hochrangigen. (Lachen.)

Wenn ich von den Ähnlichkeiten der beiden Philosophien spreche, beziehe ich mich immer auf den ursprünglichen Marxismus. Der gegenwärtige Marxismus wird von den Chinesen und der Sowjetunion bestimmt. Diese Staaten praktizieren den Marxismus nicht in reiner Form. Er ist mit Nationalismus und Machtpolitik vermischt. Ansonsten hätten China und die Sowjetunion oder China und Vietnam keinen Anlaß zu kämpferischen Auseinandersetzungen. Denn der Marxismus spricht von den weniger privilegierten Menschen, der arbeitenden Klasse, dem bedürftigen Volk, und hier gibt es keine nationalen Schranken und auch keinen Grund, gegen die sozialistischen Brüder und Schwestern zu kämpfen.

8. Befreiungsbewegungen und Terrorismus

F: In einer Welt, in der die sogenannten Befreiungsbewegungen mit Gewalt ihre Ziele erreichen wollen, hält die tibetische Freiheitsbewegung am Prinzip der Gewaltlosigkeit fest. Würden Sie dies dem Einfluß des Buddhismus auf die tibetische Kultur zugute halten? Wie steht der Buddhismus zu Fragen wie Nationalismus, Terrorismus und Befreiung?

A: In buddhistischer Sicht meint Befreiung jede Handlung, der es um größeres Glück der Menschen geht. Buddhas Lehren bezwecken sowohl vorübergehenden Nutzen für ein glückliches Leben als auch das langfri-

stige Heil wie Nirvāṇa, Buddhaschaft oder Erleuchtung.
Zur tibetischen Befreiungsbewegung möchte ich bemerken, daß durch die Chinesen Furcht und Mißtrauen gesät und die mitmenschlichen Beziehungen zerstört worden sind. Ich glaube, dies ist die schlimmste Art von Unterdrückung.
Obwohl die alte tibetische Gesellschaft auch Fehler hatte, so hat sie doch immer ehrliche Menschen hervorgebracht. Dies zeigt unsere Exilgemeinschaft in Indien. Die Tibeter sind im allgemeinen heiter, freundlich und ehrlich, und das als Ergebnis der alten Gesellschaft. Wenn diese Gemeinschaftsform wirklich hundertprozentig falsch gewesen wäre, wie die Chinesen behaupten, wie wäre es dann möglich, daß sie diese Art von Menschen hervorgebracht hat? Die Strukturen dieser alten Gesellschaft sind im heutigen Tibet total zerstört. Aber die Chinesen waren nicht in der Lage, eine neue sinnerfüllte Gesellschaft an ihre Stelle zu setzen. Das ist ihr größtes Versagen.
In der Sowjetunion und in der Mongolei scheint es ähnliche Probleme zu geben. Diese gesellschaftlichen Systeme sind viel zu sehr zentralisiert, und den führenden Persönlichkeiten fehlt es oft an Kompetenz. Zudem dominieren Furcht und Mißtrauen. Wenn in einer freien Gesellschaft die Regierung versagt, gibt es immer noch Kräfte, die neue Ideen und Institutionen schaffen können, so daß sich die menschliche Entwicklung fortsetzen kann. Im chinesischen Modell stagniert der natürliche evolutionäre Prozeß, da jegliche Neuerung von oben diktiert wird.
Auf Ihre Frage nach dem Terrorismus möchte ich fol-

gende Antwort geben: Wir als Buddhisten glauben, daß Gewalt schlecht ist. Durch Gewalt können vielleicht zunächst Erfolge erzielt werden, doch nur vorübergehend. Selbst wenn ein Problem mit Gewalt gelöst werden sollte, werden sich daraus neue Probleme ergeben.
Dies wird auch in dem Konflikt zwischen den Israelis und den Arabern sichtbar. Der beste Weg ist Gewaltlosigkeit. Er mag Zeit brauchen, aber wenn ein Problem schließlich gewaltfrei gelöst worden ist, dann ist diese Lösung dauerhaft.

9. Das gegenwärtige Verhältnis zu China

F: Ist es wahr, daß die Volksrepublik China Sie kürzlich zur Rückkehr nach Tibet eingeladen hat? Wenn ja, unter welchen Bedingungen könnten Sie eine solche Einladung akzeptieren?
A: Wir Tibeter sind aus politischen Gründen aus Tibet geflohen und nicht, weil wir dort Verbrechen begangen hätten. Die Lage in Tibet war überaus gespannt, und wir fühlten, daß wir außerhalb von Tibet mehr für unsere Sache tun könnten. In den zwanzig Jahren, die seit dieser Entscheidung vergangen sind, haben wir hinsichtlich der Bewahrung der tibetischen Kultur und Identität viel erreichen können. Die tibetische Kultur hat zwei Aspekte: die Kultur des Volkes und die mehr spezifische religiöse Kultur, die auf den philosophischen Grundfragen aufbaut, die auf das Verstehen der grundsätzlichen menschlichen Leidenssituation abzielen, nämlich Geburt, Krankheit, Alter und Tod. Wir glauben, solange es menschliches Leben gibt, sollte

dieser Aspekt unserer Kultur bewahrt werden, denn diese Kultur hat Wege erprobt, die dem Menschen geistiges Glück bringen. Was solche Aspekte der tibetischen Kultur betrifft, die für die Menschen nicht nutzbringend und nur Überbleibsel aus vergangenen Zeiten sind, so genügt es, dieselben in den Geschichtsbüchern zu bewahren. Es wäre gar nicht sinnvoll, sie als lebendige Tradition aufrechterhalten zu wollen; ein derartiger Versuch wäre ohne jeden Wert. Der buddhistische Aspekt unserer Kultur aber ist sehr wertvoll.
Als Flüchtlinge in Indien konnten wir für die Erhaltung unserer Kultur mehr tun, als dies in Tibet möglich gewesen wäre. Ich denke, daß ich bis zu dem Zeitpunkt, wo die Tibeter in Tibet wirklich zufrieden sind, meinem Land und meinem Volk als Flüchtling wirksamer dienen kann.

F: Wie denken Sie über Gewalt, zum Beispiel über die Besetzung Tibets durch die Chinesen?

A: Gewalt ist böse. Gewalt, auch wenn sie zunächst Vorteile zu bringen scheint, muß schließlich Gegengewalt nach sich ziehen. Die Anwendung von Gewalt ist keine redliche Methode zur Bewältigung von Konflikten.

Tibet ist in den letzten zwanzig Jahren von China gewaltsam unterdrückt worden. Die Chinesen konnten sich nur durchsetzen, weil sie geschossen und getötet haben. Aber sie haben ihr Ziel nicht erreichen können, und zwar nicht nur in Tibet nicht, sondern auch nicht in China. Jetzt sind sie gezwungen, einen gemäßigteren Kurs einzuschlagen. Selbst diese kurze Zeitspanne beweist also, daß Gewalt nicht zum Erfolg führen kann.

F: Wenn aber lange Zeit verstreicht, wieviel Geduld muß der Mensch aufbringen?
A: Geduld kann unterschiedlich interpretiert werden. In dem Sinne, daß man das Gefühl von Haß nicht in sich anwachsen lassen darf, muß man unendliche Geduld haben. Es gibt aber auch die Meinung, daß Geduld mit Passivität gleichzusetzen sei, und das ist abzulehnen. Wenn jemand schlecht handelt, muß man einschreiten, ohne aber dabei die innere Ruhe zu verlieren. Geistig soll man also im Zustand der Geduld bleiben, während man handelt und widersteht.
F: Haben Sie Hoffnungen, daß sich China wandeln wird?
A: Es spricht einiges dafür, aber es ist noch zu früh, darüber etwas zu sagen. In einer Zeitung las ich, daß in China selbst die Vergangenheit nicht gewiß ist. (Lachen.)
F: Könnte die jetzige chinesische Regierung mit einem buddhistischen Tibet koexistieren?
A: Im Augenblick nicht. Der chinesische Kommunismus ist sehr, sehr ignorant. Nach kommunistischer Überzeugung ist Religion Opium. Allerdings haben einige chinesische Gelehrte angedeutet, daß dies nicht auf den Buddhismus zutrifft.
F: Liegt das daran, daß der Buddhismus eine Religion ohne Gottesvorstellung ist?
A: Ich kenne die genauen Hintergründe nicht. Einige westliche Religionswissenschaftler vertreten die Ansicht, der Buddhismus sei gar keine Religion, sondern eine Wissenschaft vom Bewußtsein.
F: Ist die westliche Wissenschaft eine Religion?

A: Ja. In gewisser Hinsicht ist auch der Kommunismus zu einer Religion geworden.
F: Wenn Sie offizielle Vertreter Chinas treffen, wie werden Sie Ihre Gefühle über die Situation in Tibet zum Ausdruck bringen?
A: Ich werde einfach vortragen, daß die sechs Millionen Tibeter wie Menschen behandelt werden müssen. Die Chinesen kamen angeblich nicht als Aggressoren, sondern als Befreier nach Tibet, und als Befreier sollten sie dem tibetischen Volk Vorteile gebracht haben. Statt dessen brachten sie Leid und Zerstörung. Die Klöster sind beinahe restlos zerstört. Wenn die Chinesen dreißig Jahre lang wirklich eine wohlwollende Gesinnung gehabt hätten, wäre die Mehrheit der Tibeter heute mit den Chinesen einverstanden. Das ist aber nicht der Fall. Jetzt scheinen die Chinesen die Fehler der Vergangenheit eingesehen zu haben, die Schuld gibt man aber der »Viererbande«, selbst für Zerstörungen, die vor der Zeit der »Viererbande« erfolgt sind. Wie töricht.
F: Sind Sie optimistisch, daß sich die Dinge weiter bessern werden?
A: Ich bin im allgemeinen optimistisch, denn Optimismus ist besser als Pessimismus.
F: Wenn jetzt Deng Hsiao-ping in diesem Raum wäre, was würden Sie ihm sagen?
A: Ich würde ihm raten, tibetische Geschichte und Kultur zu studieren. Ein wahrer Marxist sollte wissenschaftlich an die Dinge herangehen. Er darf nicht einfach Echo marxistischer Dogmen sein. Wissenschaftlich sein bedeutet, realistisch sein.

10. Wissenschaft

F: Es heißt, daß Sie an einer Erforschung der Phänomene des Bewußtseins durch die Wissenschaft interessiert seien. Was ist dabei Ihr besonderes Interesse?
A: Mein persönliches Interesse gilt dem Bewußtsein und seinen Funktionen. Im Buddhismus unterscheiden wir viele Aspekte des Geistes oder Bewußtseins. Es gibt Hunderte von Unterscheidungen. Nach Erkenntnissen der modernen Wissenschaft hat das Bewußtsein mehr als zwölf Billionen Zellen. Davon sind bis heute nur wenige erforscht. Der Rest ist noch ein Geheimnis.
Es ist interessant, die Ergebnisse der modernen Wissenschaft mit unseren eigenen buddhistischen Theorien zu vergleichen. In der buddhistischen Philosophie unterscheidet man Bewußtseinsebenen. Es gibt Träume, Visionen und die tiefsten Bewußtseinserfahrungen, die wir im Sterbeprozeß machen.
F: Wer (im Westen) kann Ihnen über derartige Dinge Auskunft geben?
A: Ich weiß nicht, jeder, der Erfahrung hat. (Lachen.)
Ich habe zum Beispiel im vergangenen Jahr an einem Seminar über östliche Weisheit und westliche Wissenschaft in Österreich teilgenommen, wo ich mit Neurologen und Physikern zusammengetroffen bin. Ich habe auch ein berühmtes Atomforschungszentrum in der Schweiz besucht und mit Physikern über die Quantentheorie gesprochen. Darüber möchte ich gern noch mehr wissen.
Die Physiker beschäftigen sich nicht mit dem Bewußtsein, sondern mit Erscheinungen, den kleinsten Ele-

mentarteilchen. Diese ändern sich fortwährend und sind nach der Relativitätstheorie voneinander abhängig. Die gegenseitige Abhängigkeit spielt auch in der buddhistischen Philosophie eine große Rolle.
Auch zur Theorie des »Urknalls« habe ich eindrucksvolle Erläuterungen gehört. Vor zwölf Billionen Jahren soll der genaue Zeitpunkt des »Urknalls« gewesen sein.
F: Was halten Sie davon?
A: Ich kann das nicht beurteilen.
F: Welche Anschauung vom Beginn des Universums vertreten Sie?
A: Ich bin Buddhist, und meine Anschauung ist entsprechend. Zumindest in einem Punkt gibt es Entsprechungen zwischen der buddhistischen Anschauung und der Naturwissenschaft, daß nämlich durch die vier Elemente: Hitze (Energie), Flüssigkeit, Gasförmiges, feste Materie auf der Grundlage des Raumes und in irgendeiner Weise im Zusammenhang mit ihrer Bewegung das gesamte Universum, alle Galaxien entstanden sind. Dieselben fallen dann in sich zusammen und verschwinden, bis sie schließlich neu entstehen. Immerhin haben die Astronomen schon zehn Billionen Galaxien entdeckt.

11. Die Bedeutung des Dalai Lama

F: Sie haben gesagt, daß Sie in einem freien Tibet gern ein demokratisches politisches System aufbauen möchten. Würde nicht eine gewählte Regierung Ihre Position als Oberhaupt des tibetischen Volkes in Frage stellen?

A: Ich glaube an ein demokratisches Regierungssystem. In unserer nationalen Verfassung (entworfen von der tibetischen Exilregierung in Dharamsala 1963) ist festgelegt, daß selbst die Position der Dalai Lamas geändert werden kann, wenn es die Mehrheit verlangt. Manchmal denke ich, ich werde dem Beispiel Mahatma Gandhis folgen, wenn wir nach Tibet zurückgehen und sich alles normalisiert hat. Er war ein Freiheitskämpfer, aber als Indien endlich unabhängig geworden war, verzichtete er auf Teilhabe an der Regierungsmacht.

Der Dalai Lama könnte sich zurückziehen und als bescheidener Mönch die Entwicklung begleiten. Andere würden die politische Verantwortung tragen, und nur wenn ernsthafte Probleme auftreten sollten, könnte ich eingreifen. Ansonsten hätte ich Zeit zum Entspannen! (Lachen.)

Wir möchten in Zukunft wieder ein geeintes Tibet mit einer Zentralregierung haben – einschließlich der Gebiete, die von den Chinesen als Autonome Region Tibet bezeichnet werden, und der Teile von Osttibet, die von den chinesischen Provinzen Szechwan und Yunnan absorbiert worden sind. Jemand, der keine politische Macht ausübt, aber allgemeines Ansehen genießt, könnte hier vielleicht sehr hilfreich sein.

F: Ihre Rolle als Symbol für das tibetische Volk ist mit der Rolle, die der gegenwärtige Papst für das polnische Volk spielt, verglichen worden. Würden Sie dazu Stellung nehmen?

A: Es gibt Ähnlichkeiten, aber die Beziehung zwischen Tibet und dem Dalai Lama betrifft nicht nur diese Generation, sondern währt seit vielen Jahrhunderten.

Insofern ist sie viel weitreichender als das Verhältnis des jetzigen Papstes zum polnischen Volk. Außerdem ist das Papsttum eine weltweit anerkannte und unabhängige Institution. Der Dalai Lama jedoch ist ein Flüchtling.

F: Sollte Ihnen vor Ihrer Rückkehr nach Tibet etwas zustoßen, so müßte nach einem neuen Dalai Lama gesucht werden. Wäre es denkbar, daß die Suche außerhalb von Tibet stattfinden könnte?

A: Natürlich.

F: Wie würde das aussehen?

A: Das muß ich nicht entscheiden und überlasse es anderen. Wenn die Institution des Dalai Lama dann noch sinnvoll ist, wird man keine Schwierigkeiten haben, einen neuen zu finden.

F: In einer holländischen Zeitschrift haben Eure Heiligkeit erklärt, daß Sie möglicherweise der letzte in der Linie der Dalai Lamas sein könnten. Ist das wahr, und was bedeutet das?

A: (Lachen.) Vielleicht der letzte, ich weiß es nicht. Wesen mit den Qualifikationen für einen Dalai Lama wird es immer geben. Die Inkarnation eines Buddha oder Bodhisattva manifestiert sich immer wieder, und zwar nicht nur in menschlicher Form, sondern manchmal auch als Insekt, als Tier und so weiter. Ob nun einem bestimmten Wesen der Titel »Dalai Lama« gegeben wird oder nicht, hängt davon ab, ob es nützlich ist. So gab es zum Beispiel schon lange vor dem Ersten Dalai Lama viele andere Inkarnationen des Bodhisattvas Avalokiteshwara wie Drom Tonpa und Kunga Nying-po; aber sie erhielten nicht den Titel eines Dalai Lama. Dieser Titel wurde erstmals dem Dritten Dalai

Lama Sonam Gyatso (1543–1588) verliehen. Man verfolgte dann die vorhergehenden Inkarnationen dieses Mannes zurück bis zu Gedün Drup (1391–1474), dem Schüler von Lama Je Tsongakapa (Gründer der Gelukpa). Gedün Drup wurde als Erster Dalai Lama bezeichnet. Er konnte sich an seine vorige Inkarnation, den nepalesischen Lama Padma Dorje, genau erinnern. Doch Padma Dorje wird nicht als Dalai Lama bezeichnet.

Ich bin nicht der beste der Dalai Lamas, aber auch nicht der schlechteste, und vielleicht ist es gut, der letzte zu sein.

F: Viele würden das Ende der Linie der Dalai Lamas mit dem Ende Tibets als einem unabhängigen Volk gleichsetzen.

A: Vielleicht, aber das ist eine Fehldeutung. Ich bin weit mehr um Tibet als um das Amt eines Dalai Lama besorgt, und genau dies ist ja Aufgabe und Verantwortung eines Dalai Lama. Solange der Titel »Dalai Lama« Tibet hilft, wird es ihn auch weiter geben. Sollte er aber überflüssig werden, hätte es kaum einen Sinn, ihn beizubehalten.

Ich bin aber auch buddhistischer Mönch der Mahāyāna-Tradition und habe als solcher gelobt, allen lebenden Wesen zu helfen. Um dieses Gelübde erfüllen zu können, muß ich in der Welt tätig sein, und zwar Leben auf Leben, bis alle Wesen zur Erleuchtung gelangt sind. Das ist das Bodhisattva-Gelübde eines jeden Mahāyāna-Buddhisten. So habe ich diese beiden Formen der Verantwortung wahrzunehmen. Solange der Titel eines Dalai Lama ein hilfreiches Instrument zur Erfüllung dieser Verantwortung ist, wird er beibehalten werden. Vielleicht bin ich der letzte Dalai Lama, vielleicht aber auch nicht. Wenn es nützlich ist, daß ich in der Form eines anderen Lebewesens wiedergeboren werde, ist es meine Pflicht als Mahāyāna-Buddhist, dem zu entsprechen.

Quellennachweis

Kapitel 1 enthält die gekürzte Fassung einer Rede des XIV. Dalai Lama vor tibetischen Flüchtlingen in Delhi 1963. Kapitel 2.1 geht auf Interviews zurück, die der Autor während seiner Europareise 1973 gegeben hat. Kapitel 2.2 (Fragen und Antworten) beinhaltet Teile von Interviews, die der Dalai Lama für die *Washington Times* im September 1983 und für das *East-West Journal* im Februar 1984 gegeben hat. Kapitel 2.3 ist der Auszug aus einer Rede in Gangtok/Sikkim im Oktober 1981. Kapitel 3 enthält kurze Essays zur buddhistischen Philosophie, geschrieben zwischen 1966 und 1981, erstmals publiziert in dem Buch »Short Essays on Buddhist Thought« (Dharamsala 1966) sowie in verschiedenen Ausgaben von *Tibetan Review* und *The American Theosophist* (Frühjahr 1977). Kapitel 4.1 erschien in *Leader's Magazine* (New York, Mai 1979), Kapitel 4.2 in *Tibet Journal*, Kapitel 4.3 in *The Asian Wall Street Journal* (Hongkong, 25. August 1977), Kapitel 4.4 ebenfalls in *The Asian Wall Street Journal* (Hongkong, 8. November 1979). Kapitel 4.5 wurde erstmals in *The Wall Street Journal* (New York, Oktober 1981) publiziert. Kapitel 4.6 geht auf einen Vortrag vor der Konferenz »Andere Wirklichkeiten« in Alpbach/Tirol (September 1983) zurück, während Kapitel 4.7 Interviews aus den Jahren 1976 bis 1984 (für *Newsweek, Washington Times, East-West Journal* u. a.) zusammenfaßt.

Folgende Titel sind vom XIV. Dalai Lama in deutscher Sprache lieferbar:

Logik der Liebe, München 1986
Das Auge der Weisheit, München/Bern 1975
Mein Leben und mein Volk, München 1982